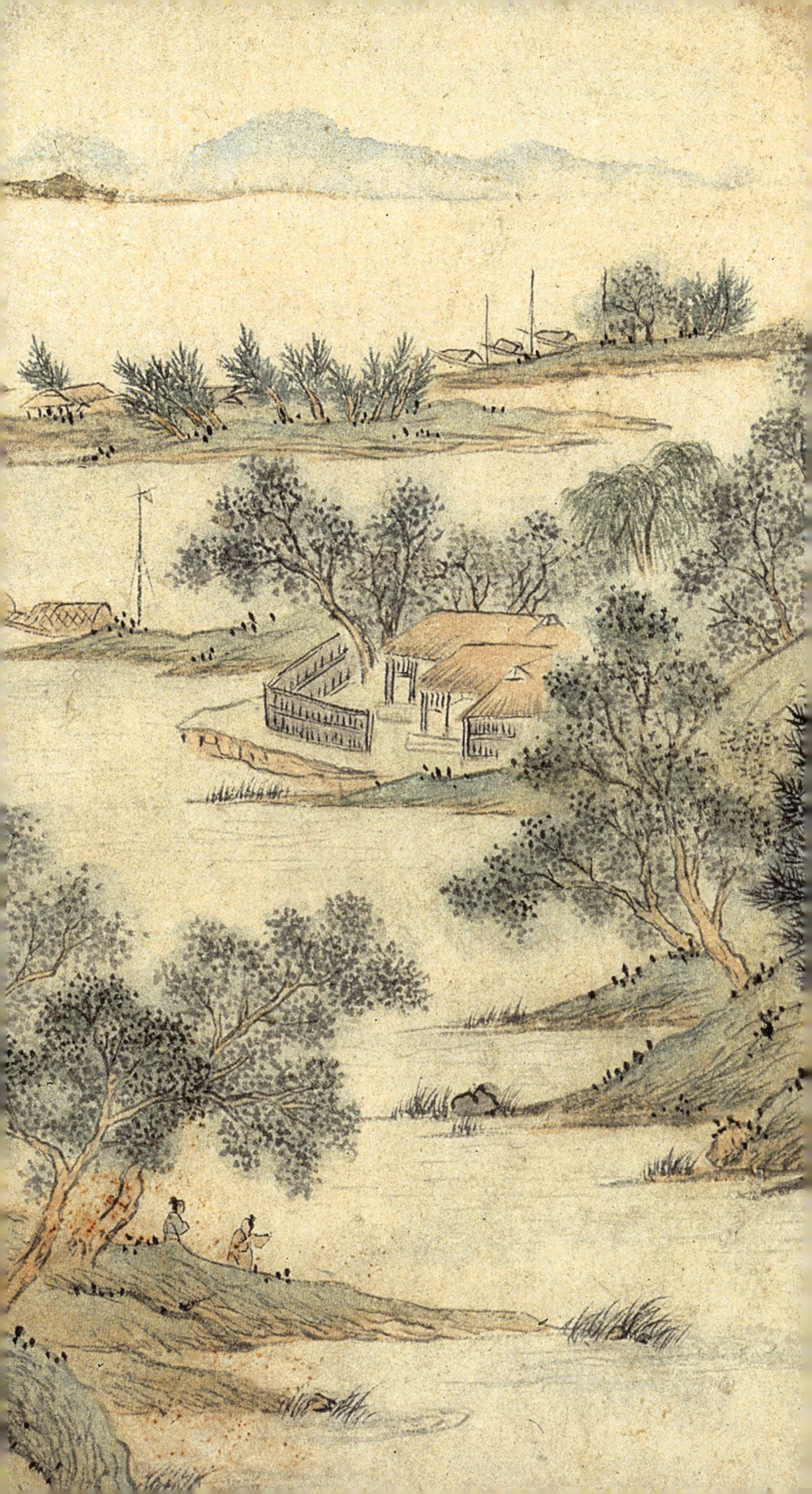

薛冰 著

秦淮河传

江苏
凤凰美术
出版社

目录

引言　中华第一历史文化名河　001

上 | 流域篇

一　秦淮河：源流与传说　009
二　孕育文明的母亲河　015
三　越城、金陵邑与白鹭洲　025
四　东吴定都开运河　032
五　桃叶渡的无常风波　044
六　南唐城郭分秦淮　055
七　沧桑巨变　071
八　明都水系新格局　083
九　当代治理与运河工程　094

下 | 文脉篇

一　江淮兴会长干里　133
二　"直挂云帆济沧海"　157
三　六朝文脉承汉启唐　140
四　"天下文枢"　190
五　秦淮烟月　208
六　明、清繁会秦淮岸　220
七　画舫河房桨声灯影　236
八　下关开埠　247
九　古都新城一河间　260

引言　｜　中华第一历史文化名河

在长江的数百条支流中，秦淮河小到排不上号，它的长度只有约一百一十千米，流域面积二千六百三十平方千米。然而，在长江文明的浪潮中，秦淮河却是一颗耀眼的明珠，它孕育了中国四大古都中唯一的江南古都南京，被南京人亲切地称为母亲河，甚至被誉为"中华第一历史文化名河"。2015年，为纪念中、法建交五十周年，两国联合发行一组两枚邮票，由法国著名邮票设计师创作，画面表现的就是巴黎塞纳河和南京秦淮河。

古往今来，描摹秦淮河的诗文图画，不胜枚举。每一个人眼中，都有一条秦淮河。每一回与秦淮河相遇，都会有新的发现与欣喜。希望这一本小书，能够成为您重新认识秦淮河的好导游。

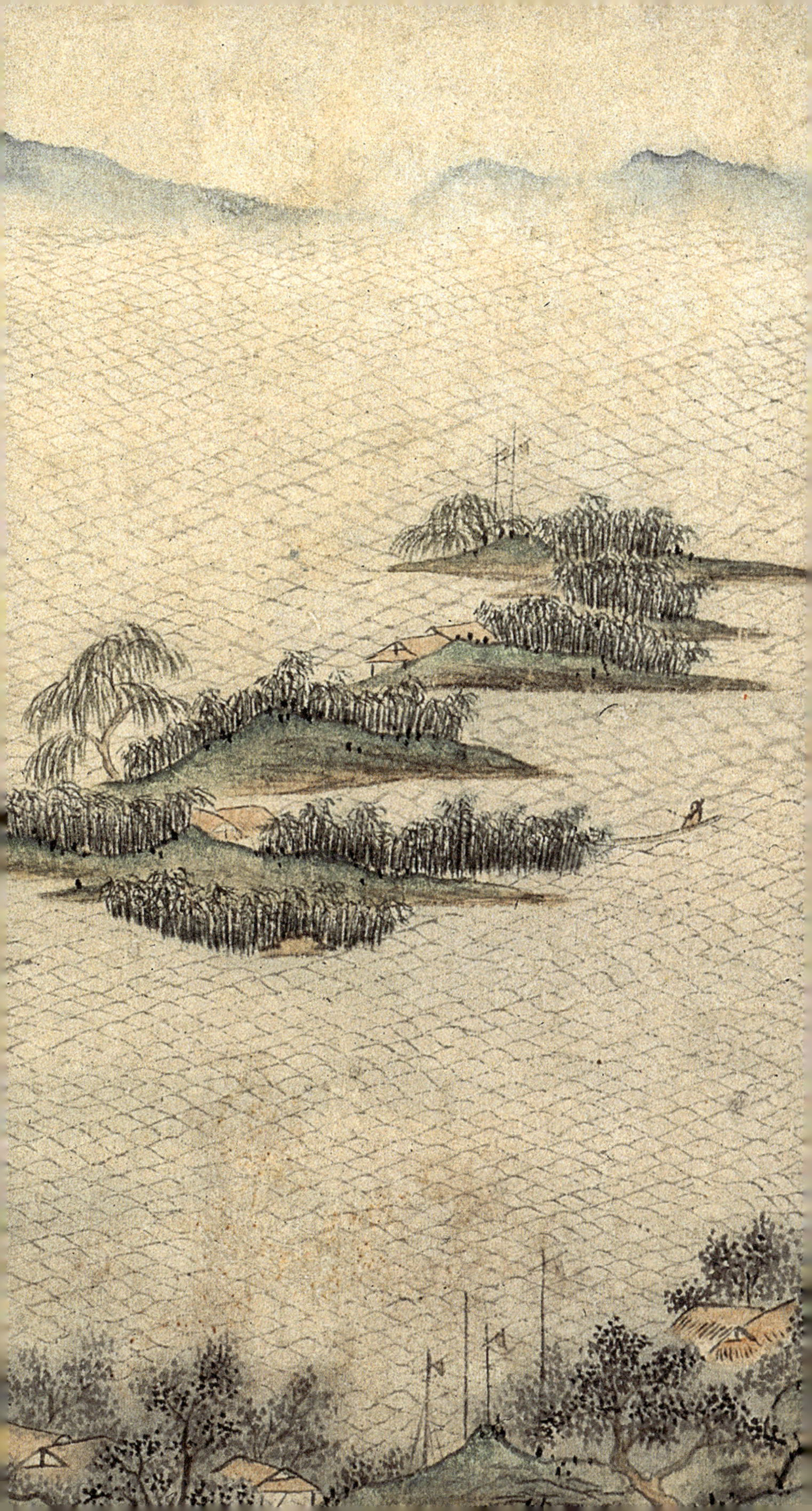

上・流域篇

一　秦淮河：源流与传说

说起南京秦淮河，人们最容易想到的，就是夫子庙前的秦淮河，桨声灯影，烟水繁华，都以这一段为代表。脍炙人口的"十里秦淮"，自东水关入城，过了桃叶渡，江南贡院已在眼中；转过中华门，从西水关出城，便是外秦淮河了。由此一路北行，经清凉山下鬼脸城，至三汊河进入长江。

准确地说，这一段只是秦淮河的下游。

从源头算起，秦淮河全长约一百一十千米。

秦淮河有南、北两个源头。北源句容河，来自宁镇山脉的宝华山，南行过句容城后折转向西行（所以也有人称其为东源），与赤山湖水汇合，经江宁区湖熟街道，在方山埭西北村与南源合流。南源溧水河，来自横山山脉的东庐山，经江宁区石湫、秣陵街道至方山，与北源合流，成为秦淮干流。由方山西侧蜿蜒北行，过禄口、东山街道，经雨花台区，在七桥瓮附近西折，沿赤石矶北侧进入今南京城区，自东向西穿城而过，北行汇入长江。

从南京地区的地形图上可以看出：秦淮河上、中游的流域范围，位于宁镇山脉之南，茅山之西，横山之北，云台山、牛首山之东，四周山脉、丘陵围合成一个较为完整的盆地。这个盆地大部位于今江宁区范围内，可以称为江宁盆地。江宁盆地周边低山、丘陵的来水，汇合而成的并不只是句容河与溧水河，还有横溪河、十里长河、云台山河、牛首山河等，秦淮河的主要支流就多达十九条。

盆地中部的方山，"突然一峰插南斗"，是典型的火山地貌，看似孤立，但并非"来龙去脉绝无有"，其东北实与茅山余脉相连，所以秦淮河只能从方山西侧北上。方山与牛首山东、西相对，两山之间只留下一条狭窄通道，秦淮河的北源与南源，至此遂不得不合流。现代人习惯于看交通图、旅游图，都会说秦淮河南、北两源在方山合流，却往往说不清为什么是在方山合流。

进入今南京城区的秦淮河下游，俗称"十里秦淮"，流域变化非常大。1983年通过地质钻探，发现了埋藏在地表之下的秦淮河古河道。当年绘制的"古河道位置示意图"显示，距今两三万年前，南京地区水域的分布远远大于现代。数百米宽的秦淮河由东南而来，在赤石矶以北（今白鹭洲公园一带）入城。一支西行，从凤台山与石头山之间汇入长江；一支北行，浩浩荡荡纵贯南京城区，从鸡笼山和覆舟山之间的垭口穿出，折向西北，在狮子山东侧进入长江。也就是说：玄武湖（古桑泊）与金川河都曾是秦淮河入江水道的一部分。其间的山丘岗地，凤台山、石头山、五台山、鼓楼冈、北极阁、鸡笼山等，犹如水中的小岛。当然，这里提到的所有地名，那时都不存在，为了叙述的方便，我们不得不借用后世的地名。

当时的长江东岸，大致在今城西的外秦淮河一线，紧临越台、凤台山、石头山（今清凉山）、马鞍山、狮子山西麓，过狮子山后无山阻遏，才转向东行。长江的入海口离南京也很近，海洋潮汐和台风的影响远大于今日。西汉枚乘在《七发》中描写广陵潮，"蹈壁冲津，穷曲随隈，逾岸出追，遇者死，当者坏""鸟不及飞，鱼不及回，兽不及走。纷纷翼翼，波涌云乱。荡取南山，背击北岸，覆亏丘陵，平夷西畔。险险戏戏，崩坏陂池"，虽出于文学语言，并不是凭空虚构。南京地区的一片汪洋，也就可想而知。直到六朝时期，长江入海口还近在京（今镇江）、广陵（今扬州）一线。

随着海平面降低、长江入海口东移，南京地区水面逐渐收窄，河水携带泥沙沉积形成的陆地随之扩大。距今三四千年前，秦淮河主流在鸡笼山、覆舟山一线被阻遏，山南河道萎缩，山北逐渐形成玄武湖和金川河流域。石头山与凤台山之间的莫愁湖、南湖一带，遂成为秦淮河的入江口，而当时莫愁湖、南湖都还是长江的一部分。此后南京地区水系以

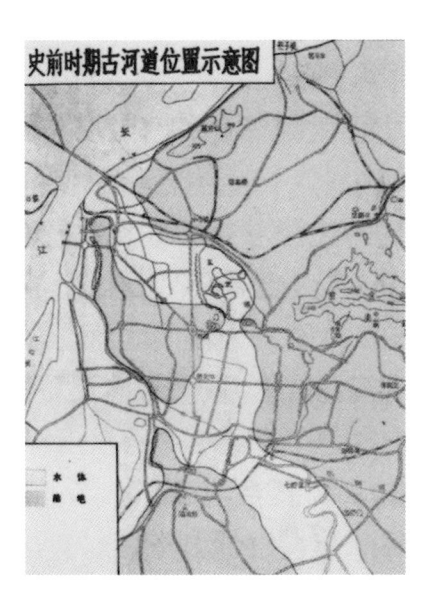

史前时期古河道位置示意图

清凉山、五台山、鼓楼一线为分水岭，形成南部的秦淮河水系和北部的金川河水系。秦淮河所携带的泥沙，一方面在今天的主城区南部，水西门、新街口、浮桥、逸仙桥、瑞金新村、通济门一线以南，逐渐形成秦淮河河谷平原，一方面在受到江水顶托的入江口，今莫愁湖与南湖之间形成洲渚，即后世大名鼎鼎的白鹭洲。

元人孔齐《至正直记》卷四载："尝闻金陵城中人，有于延祐间掘井，深及数丈，遇巨木阻泉，复广掘，木之两头处不得见，遂凿断出之，长二三丈，高广数尺，磨洗认之，乃香楠也。此地岂非万余载耶，乃有是木，意当时必江水也。俗所谓海变桑田，容有是乎。"孔齐的推测居然大致符合南京的地理变迁。清人甘熙《白下琐言》卷三中说："金陵地势，北高而南卑，取黄土者皆在永庆寺、五台山一带。城南土色皆黑，黄者绝少。予家穿井，下及三丈，犹见砖石，知前代为平地，日积月累，久而至此。高岸为谷，深谷为陵，岂虚语哉。《县志》亦云：贡院旁掘地数丈，犹见瓶盂之属。"这也是夫子庙江南贡院和南捕厅甘熙故居一带，确属河道淤积而成的一种佐证。不过甘熙没想到是砖石、瓶盂沉入数丈深的河底，误以为河底是前代的平地。

秦淮河的得名，源于一个传说。

唐人许嵩《建康实录》卷一中转述了这个传说：秦始皇三十七年

（前210）第五次东巡，返程时"自江乘渡，望气者云：'五百年后，金陵有天子气。'因凿钟阜，断金陵长陇以通流，至今呼为秦淮"。不过，许嵩对这个传说是怀疑的。他在介绍秦淮河的两个源头后，明确指出"其二源分派屈曲，不类人功"，河流形态不像人工运河，"疑非秦始皇所开"。

这个传说的源头，可以追溯到晋人张勃所撰《吴录》。《吴录》原书早已散佚，现在只能在《建康实录》《太平御览》等书中看到若干片段。《太平御览》卷一五六记载，吴国谋臣张纮劝孙权定都秣陵时，引用了《吴录》中的说法："张纮言于孙权曰：'秣陵，楚武王所置，名为金陵。秦始皇时，望气者云，金陵有王者气，故掘断连冈，改名秣陵。有别小江，可以贮舡，宜为都邑。'"

"断金陵长陇""掘断连冈"，意思都是秦始皇开凿出了这条河，所以会被叫成"秦"淮河。

不过，唐代以前，史籍中均未见"秦淮"之名。秦淮河古名龙藏浦，"浦"是吴地人对河的称谓。汉、魏、六朝称小江，是相对于习称大江的长江而言，亦称淮、淮水。直到唐玄宗开元十五年（727）前后，徐坚等人所撰《初学记》卷六，始见秦淮之名："孙盛《晋阳秋》曰：'秦始皇东巡，望气者云，五百年后，金陵有天子气，于是始皇于方山掘流，西入江，亦曰淮。'今在润州江宁县，土俗亦号曰秦淮。"由此可知，秦淮这个名字，是唐代民间先叫起来的，后渐被访旧怀古的文人所接受。天宝九年（750）李白作《留别金陵诸公》，有"至今秦淮间，礼乐秀群英"的诗句，是秦淮之名首次入诗。许嵩《建康实录》完成于至德元年（756），"至今呼为秦淮"的说法，就像是"至今秦淮间"的散文版。李白这一次到金陵住了近三年，而许嵩长期居住金陵，两人不无见面的可能。即令他不在李白所"留别"的"诸公"之内，以李白当时的盛名，正在撰写《建康实录》的许嵩会读到这首诗，自不奇怪。七八十年后，杜牧写下了名作《泊秦淮》："烟笼寒水月笼沙，夜泊秦淮近酒家。商女不知亡国恨，隔江犹唱后庭花。"随着这首诗脍炙人口，秦淮河之名也就不胫而走。

如果说秦淮河的得名是出于误会，那也是一个美丽的误会。

二　孕育文明的母亲河

秦淮河流域,是南京人和南京城的发祥地。

从溧水、江宁到南京城区,秦淮河世世代代滋养这一片土地,哺育南京先民繁衍生息,孕生了北阴阳营文化与湖熟文化。

当代考古发现与研究告诉我们,江南吴文化的源头,正是秦淮河流域的北阴阳营文化,而吴文化直接承袭的母体,是以秦淮河流域为中心的湖熟文化。秦淮河,也是中华文明发展的摇篮之一。

北阴阳营文化是南京地区时代最早的新石器文化,因首先发现于金川河畔北阴阳营而得名。

1954年9月,云南路、北阴阳营交界处,南京大学主办的工农速成中学新建校舍,平整土地时发现许多石器,附近小学生捡去当玩具,被南京大学历史系主任韩儒林先生得知,搜集标本送南京博物院。南京博物院保管部主任尹焕章先生去现场调查后,确认是重要古文化遗址。1955年至1958年间,在时任南京博物院副院长曾昭燏及赵青芳、尹焕章、蒋赞初等专家主持下，前后四次进行考古发掘，发现的新石器文化遗址，被考古学界命名为北阴阳营文化。遗址位于鼓楼岗西麓，金川河东岸，南、北有十来个池塘，呈三面环水势，长约一百五十米，宽约一百米，发掘时还高出平地约七米。在大约一万平方米的范围内，有厚约六米的文化层堆积：除了表土层，自上而下分为三个文化层，第一层相当于中原西周早期，距今约三千年。第二层距今约三千五百年到三千八百年，属湖熟文化早期，相当于中原商代早期。第三层是遗址的主要部分，属距今约五六千年前新石器时代的文化堆积。南京地区六千年文明史，由此揭开序幕。

北阴阳营的古遗址不是一个孤立的存在，此后在秦淮河流域考古中多次发现北阴阳营文化遗址，也同样存在与湖熟文化遗址的上下叠压关系，说明由新石器时代的北阴阳营文化进化到青铜时代的湖熟文化，正是南京地区文明发展的路径。

江南地区新石器时代至青铜时代的文化遗址，一个典型标志，是都处于近水的较高台地之上，考古学称之为台型遗址。因为当时人类抵御自然灾害的能力还很微弱，只能顺应自然，趋利避害。对于他们，抗御干旱的难度肯定低于抗御洪涝。近水而居，一是生活用水和鱼、蚌等食物容易取得，二是在附近较低一级的台地上种植农作物，排水、浇灌都方便，三是水上交通便利。而高居台地之上，又可以避免水淹之灾，满

北阴阳营遗址

足安全需要。由此逐渐形成的村庄秩序产生的稳定性，家园保护作用带来的安全感，人力与自然力的相对统一，正是人们依恋故园、旧居的原因。今人所谓乡愁，其深刻的心理渊源即在于此。

北阴阳营遗址同样处于这样的二级台地之上。

新石器时代，鼓楼岗与西面的五台山、清凉山，东面的鸡笼山、覆舟山，遍布茂密的原始森林和灌木，林间生活着斑鹿、麋鹿、豪猪等多种野兽。山岗的周围，是秦淮河古河道流域的大片水面和沼泽，水中生活着鱼、蚌、龟、鼋、水獭，可供先民狩猎捕捞。而沼泽逐渐演化形成的肥沃平原，有利于农业耕作。北阴阳营的先民们且已开始饲养猪、狗、牛等家畜。先民们趋利避害，选择了山、水、林、原之间的这一个椭圆形台地作为他们的安身立命之处。不过北阴阳营遗址各层之间都有缺环，也就是说：约三千年间，先民们几度在此地居住，但其间曾有中断。在距今三千年左右，先民们彻底告别了这一居住地，很可能就是因为秦淮河古河道在三四千年前的变化，导致水域离居宅村落较远，不再能满足先民们的生活便利。

继北阴阳营文化之后，距今三四千年的湖熟文化，因首先在江宁县湖熟镇（今江宁区湖熟街道）发现而得名，也以秦淮河流域湖熟、秣陵一带最为集中。如前所述，秦淮河上、中游处于四面低山丘陵之间，

北阴阳营考古发掘现场

大小数十条支流，个个自山谷中流出，沿岸形成的淤土肥沃，灌溉便利，宜于种植，成为适宜的生态环境，先民们多选择山岗前端的台地作为居住地。湖熟文化遗址的密集分布，就是基于这样的地理条件。点将台、梁台、神墩、船墩、老鼠墩、前岗、磨盘山等湖熟文化遗址，今天的地名仍然透露出当年的地貌信息。在可考的三百多处湖熟文化原始村落中，秦淮河中游多达百余处。当然，从更大范围而言，江南地区气候温暖湿润，四季分明，日照充足，雨量丰沛，土壤肥沃，适合农作物生长。丘陵自然植被生长旺盛，动物种类繁多，河流水网密布，水产也较丰富。农耕和狩猎的条件都比较好。

1951年春天，在接到江宁县湖熟镇钱立三先生提供的线索后，南京博物院曾昭燏、尹焕章等专家，邀约南京大学胡小石教授前往湖熟，调查了梁台、城岗头、小宝塔山、鞍头岗、老鼠墩等十五处台型遗址，后重点发掘了老鼠墩和前岗两处。1957年前后，尹焕章、张正祥先生在宁镇山脉和秦淮河流域进行考古普查，又发现同样性质的遗址一百三十九处，初步摸清了这类遗址的分布范围，即秦淮河及其支流两岸，凡是高出水面的土墩，大多有湖熟文化遗址。由于这一类型的文化在江南地区考古中具有一定代表性，又是首先在湖熟发现，1959年曾昭燏、尹焕章在《考古学报》第四期发表《试论湖熟文化》一文，正式提出了"湖熟文化"的命名。

原始村落遗址和古城邑示意图

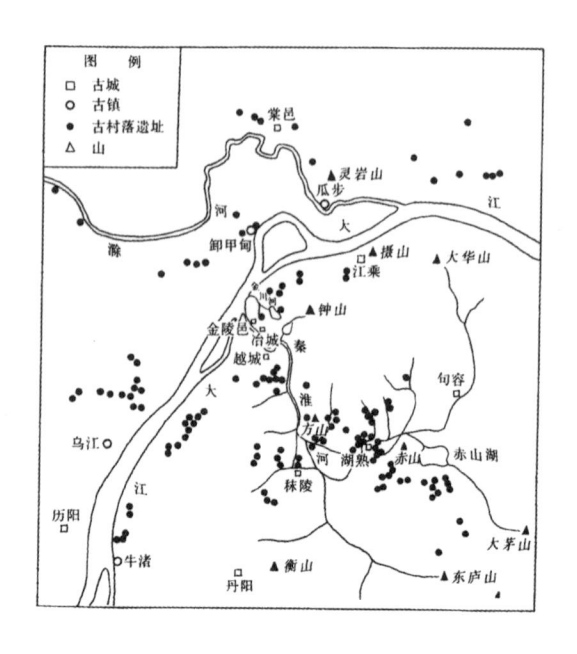

经过六十余年来的考古发掘，已发现湖熟文化遗址三百多处，其分布范围，西至皖南东部九华山脉，南至黄山、天目山脉，东越茅山山脉，直抵武进和丹阳九曲河流域，与太湖流域的马桥文化西缘相接，北达长江北岸的六合、仪征及扬州蜀冈一带，形成数千平方千米的文化圈。其中心区域则在秦淮河流域，湖熟、秣陵一带多达百余处。

湖熟文化是一种地域性的土著青铜文化，由于湖熟文化区正当南北交汇、东西融合之地，可以明显看出其不仅受到中原商、周文化影响，而且受到北方龙山文化、岳石文化，东方良渚文化、马家浜文化及西方楚文化的影响。也就是说：湖熟文化所处的地理位置，决定了它兼容并蓄的文化形态。而由于湖熟文化中心区处于四面环山的相对封闭环境之中，不断出现的外来文化因素，往往只在短时间内起到引领作用，不久即被本土文化所吸收，化为其自身的新面貌和新活力。在周边强势文化的影响下，湖熟文化仍能够绵延千余年，顽强地保持着地域特色。

湖熟文化时期，始于距今约三千七百年，相当于中原商王朝初期，到春秋晚期吴国灭亡（前472）为止，延续一千余年。湖熟文化的命名者曾昭燏、尹焕章先生，将湖熟文化分为前、后两大阶段，以商末周初吴国立国为界，此前称先吴文化时期，此后称吴文化时期。前后两期的文化面貌有许多共性，也保持了这一文化整体的连续性。近年有专家提出将湖熟文化的下限划到吴国立国，即距今三千年前后，此后即归入吴文化范畴。但也有专家主张将湖熟文化的下限延至楚国灭越（前306）。

湖熟文化后期孕育滋生了吴文化，换个角度说：吴文化，就是受中原文化影响更为深刻、青铜文化臻于光辉灿烂的湖熟文化。

近年有专家提出：介于北阴阳营文化与湖熟文化之间，存在着一个点将台文化层。点将台文化层在二十世纪五六十年代即有发现，因其或叠压于早期湖熟文化层之下，或叠压在北阴阳营文化层之上，故多被归入湖熟文化范畴。直到1989年，江苏省考古研究所所长张敏在《东南文化》第三期发表《试论点将台文化》，才正式提出了"点将台文化"的命名，并阐明点将台文化是宁镇地区最早的青铜文化，属于青铜文化的萌生期，时代相当于中原夏文化期，即距今约四千二百年至约三千七百年，下限衔接湖熟文化上限。其分布范围，主要在宁镇地区和皖南一带。这一划分，显示出考古研究上的深入和细化。

当然，这些文化期概念，都出于现代考古学的划分，有利于研究工作的进行。文化的变迁只能是长期缓慢、潜移默化地渐进，不可能像王朝更替那样有准确的时间节点，一步跨进新时代肯定是政治迷幻。先民们在生活中不会感觉到这种界限，更不会产生这样的意识。

同样，我们今天谈论各种文化的相互影响，其实只是从某些器物形制纹饰的比对、某些技术的发明与发展作出的推测。考古学能够证明这种交流确实存在，但双方如何进行交流仍然是一个复杂的问题。战争无疑是一种直接的交流途径，让双方都有机会接触到对方的文化，而从先进一方向落后一方的传播则是主流。但更多的传播和交流，是通过和平时期的贸易、婚姻或者赠送，在相邻的部族之间进行，一步一步地向外播散。这是一个漫长的过程，但只要有足够的时间，总能抵达渺远的空间。湖熟先民们也不例外，他们在日常生活和生产中，不断观察事物，总结经验，有所发现，有所创造，以求营造更加适宜的生存环境。正是这种顽强的独立性，使湖熟文化能够有别于周边其他文化类型。

也就是说：湖熟文化所处的地理位置，决定了它兼容并蓄的文化形态。以现代眼光来看，南京文化从源头就能够兼收并蓄，是一种有利于持续发展的态势。

无论采用哪一种分期，南京地区的本土文化，称为湖熟文化，无疑更为准确。而作为湖熟文化创造者的南京先民们，也可以称之为湖熟人。

南京城市的源头，同样也要追溯到湖熟文化。

当时位于秦淮河入江口的越台环壕聚落，是迄今为止考古发现最为重要的湖熟文化遗址。

越台，更为今人所熟悉的名字是越城。据东汉《越绝书》记载，越国灭吴建越城，时在周元王四年、越王勾践二十五年（前472）。南京两千五百年建城史，就是从越城起算的。

越城在六朝时是军事重地，宋代还被作为军寨，清代中期尚没有完全湮灭，其位置可以确定在今中华门外长干桥西南的西街一带，是处于雨花台与凤台山之间的一处台地。2017年10月，南京市考古研究院在前期勘探的基础上，开始对中华门外西街地块进行考古发掘，很快有了令人振奋的发现。该地块北部西街小学的位置原是一块台地，以此台地为核心，已揭示的九个地层，从西周初期、春秋战国、六朝，一直跨越到明、清乃至近现代。考古人员在遗址区内，前后发现并清理了近二百个灰坑、近百口水井、三道环壕、八处墓葬、五座窑址，以及沟渠、道路、墙基等遗址三百余处，出土陶器、瓷器、石器、骨角器、金属器等六百余件，陶瓷、砖瓦等遗物标本多达上万件。尤为可贵的是：现场可以清晰地看出聚落东边的环壕，以及疑似东门的位置。

西街遗址最重要的意义，是发现在越城遗址地层之下，叠压着西周初期即湖熟文化时期的环壕聚落遗址。也就是说：越城这个城市之源，还有更远的源头。

这是南京城区范围内的罕见发现。

参与西街考古的陈大海先生说：江苏境内，除了南京越城之外，在苏州西南也有一处越城遗址，是越王勾践攻打吴国时的屯兵土城。考古发掘中同样发现了西周文化遗存。陈大海先生认为：越国在吴地建城行

吴越楚地图

为，会优先考虑利用既有之城，在吴城基础上修缮加固。由于吴、越同俗，所以很难区分吴、越的物质遗存。

环壕聚落是人类文化进入农耕阶段以后常见的一种聚落形式。在相当长的时期内，因为居民聚落太小，没有力量修建将所有领地全部包围在内的大规模防御系统，只能在地理位置重要或区域性中心的聚落周围，设立防御系统，作为抵御侵扰、守护内部成员生命财产的保障，在一定程度上具有据点性的防御作用。简单地说：聚落居民白天在环壕之外的田野上劳作，夜晚或有其他意外时进入环壕之内的居住区。当周边部族矛盾斗争激烈时，相关防御设施也会加以强化。

环壕聚落的高级形态就是城。

城这个概念，不单是指城墙，还包括其他构成要素。如考古发现中的房址、窖穴、墓葬、陶窑、水井等遗迹，都是其不可忽视的构成要素。环壕聚落已经具有这些构成要素。也就是说：城与环壕聚落是同一文化现象在不同发展阶段上的具体呈现，前者是在后者的基础上发展演变而来。城墙及其外侧的护城河，是环壕的延续和发展，是城的构成要素之一，有无城墙并不作为判别是否为城市的标准。因为城墙只是城的防御系统的一种形式，只要有相应的防御系统，不一定非得有城墙。尤其是在南京，直到六朝时期，东吴建业城，东晋建康城，作为一朝都城，还都没有完整的城墙。

越台环壕聚落所处的位置，西有长江，北有秦淮河，东有落马涧，尤其是落马涧，紧邻越台，可以保证环壕的水源。聚落东部边缘的三道环壕，走向一致，其中一道是东晋的，两道是湖熟文化的。环壕中发现了成捆的铁刀，可见其时越城仍被作为重要的军垒。另两道环壕的产生时代，依出土文物考察，有专家认为在西周初期，也有专家认为可达商朝晚期，或者宽泛地定为商末周初，也就是距今约三千一百年。

早期城址与环壕聚落之间存在密不可分的承袭发展关系。在越国军队建造越城之前五六百年，越台上已出现城的早期形态环壕聚落，这一发现，不仅在于南京的建城史可能上推数百年，更重要的是：说明最初的建城者，并不是外来侵占者，而是南京的土著居民。

南京号称六朝古都，十朝都会，但每一个朝代，都是外来者建立的政权，南京每一座新城的建造，都是出于征服者的意志。这就形成了一种思维定式。所以，说越国人在南京建造起第一座城，南京人也就不假思索地接受了。然而，在三千一百年前，不但越国，就连在越国之前称霸中原的吴国，也还在传说之中。所以，这个环壕聚落的建设者，只能是湖熟人——湖熟文化时期的南京土著居民。

三　越城、金陵邑与白鹭洲

南京建城史始于越城，其实越城承续了湖熟先民们所建的越台环壕聚落。生活在江宁盆地中的湖熟先民们，要与外面的世界交流，固然可以取陆路，从南部云台山与横山之间的丹阳古道西进当涂至皖南，或东上丹徒到镇江。但对于濒水而居、以船为主要交通工具的湖熟人，更便捷的途径，就是沿秦淮河顺流而下，直入长江，既可以溯江而上，也可以渡江北进，所以六合、仪征、扬州都有湖熟文化遗址发现。西街地块考古发现的古长江水道，距越台不过数百米。而秦淮河的入江口，正位于越台的北侧。

弄清楚这样的地理形势，越台这个空间节点的重要性，也就不言自明了：它是湖熟人对外交通的枢纽所在，也是首当其冲，最容易受到外界侵扰的地方。所以湖熟人会在这里形成较大的聚落，并要挖出两条环壕以自卫。在当时的工具条件下，这要算艰巨的工程。据此而言，如果没有越军的入侵，越台环壕聚落同样存在着发展为城的可能。

越国军队选择此处建造军事据点，一方面，控制了秦淮河的入江口，对秦淮河流域的湖熟原住民有宣示占领的作用，同时也会以较为先进的文化影响这一地区；另一方面，是建立起一个防范长江上游楚军进袭的预警点。对于远离本土的越军而言，越城附近的秦淮河入江水道是良好的沿江港口，可供战船停泊，以便补充给养。同时，越城一带湖熟聚落生产的粮食和物资，或多或少可以补充驻军的基本需要。

越国所建之城，属于领土扩张进程中的边地守土城邑，而先有的环壕聚落，则是本地区湖熟文化的一个中心聚落。越城在城邑形态和防御能力方面或有所发展，然而就城市的社会层级而言，则未必是一种提升。越城的建造，象征着原先相对独立的湖熟文化聚落群，被明确纳入越国的广域国家之中。

周显王三十六年、楚威王七年（前333），楚国大败越国，在南京石头山（今清凉山）设置金陵邑，这是南京主城区最早的行政建置，但就其城市形态而言，仍然是一个前方军垒。同时，楚国并没有废弃越城这个军垒。不仅楚国如此，据《景定建康志》卷五《辨越台》所述："越而楚，楚而秦，秦而汉，汉而吴、晋、宋、齐、梁、陈，攻守于此者，西则石头，南则越城，皆智者所必据。"从春秋战国到六朝，石头城和越城都是必须据守的重镇。同书又列举历史上的实例："刘濞于此避条侯，温峤于此破王含，刘裕于此拒卢循，萧懿于此拒慧景，萧衍于此屯王茂，皆越城、越台也。"西汉景帝时，吴王刘濞发动七国之乱，被条侯周亚夫击败，南逃时曾据守越台。东晋太宁二年（324），王敦叛乱，派其兄王含领军进攻建康，晋军统帅温峤烧毁朱雀桥，阻止叛军北进，并伺机突袭，在越城大破王含叛军。东晋义熙六年（410），叛军卢循趁扬州刺史刘裕北伐南燕之机进逼建康，刘裕急率军回援，兵疲伤员多，遂坚守石头城，同时修治越城，阻止卢循水军进入秦淮河。卢循军久战不利，只得退走。刘裕以少胜多，打了一场成功的防御战。南朝齐永元二年（500），叛军崔慧景攻入建康，围攻台城，齐廷大乱，豫州刺史萧懿率三千精锐渡江至采石，直进越城，崔慧景派儿子崔觉率军阻击，被萧懿杀得大败，叛军溃散。永元三年（501），萧衍发兵攻齐，亲信王茂进驻越城，齐军二十万防守朱雀门，渡河挑战，萧衍军不利将退，王茂单刀步战杀入敌阵，激励士气，反败为胜，成为南朝梁开国功臣。

从西汉到南朝，越城发生的故事真是风生水起。

楚国所建金陵邑，与越城一样，都是南京地区早期的重要军事基地。这一点毋庸置疑，也为历代史家、文人一再阐述。可是很少有人考虑，如此重要的两个点的选定，是完全偶然的吗？这一南一北的两点之间，会不会隐含着某种联系、符合某种规律呢？

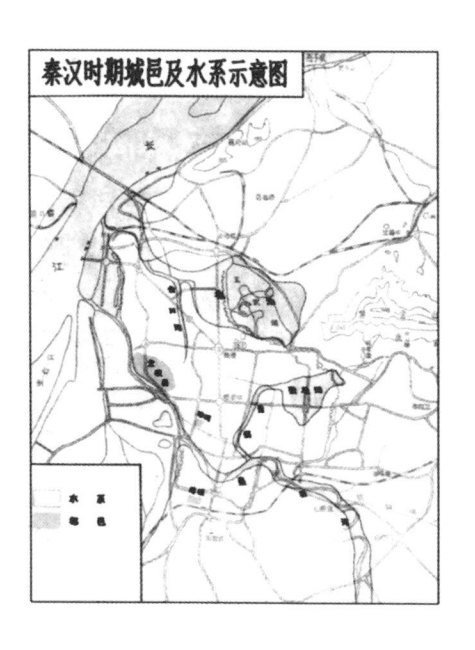

秦汉时期城邑及水系示意图

楚国和越国是冤家对头的敌国，然而，比较金陵邑和越城的选址，可以看出几个重要的共同点：一是都西邻长江，二是都位于近水的台地上，三是面对秦淮河，都位于秦淮河入江口附近。前面说过，越城北临秦淮河入江口。宋张敦颐《六朝事迹编类》卷二引南朝顾野王《舆地志》，则确指石头城"南抵秦淮口"。

秦淮河在今水西门南侧入江。越台和石头山分居水西门南、北，相距约五千米，怎么能说都位于秦淮河的入江口附近？这是因为秦淮河入江处有一个沙洲，沙洲与长江东岸之间形成夹江，于是便有了南、北两个入江口。越城位于夹江南口，金陵邑位于夹江北口。

这个沙洲就是白鹭洲，因李白《登金陵凤凰台》诗中"三山半落青天外，二水中分白鹭洲"而闻名遐迩。白鹭洲在唐代出名，但不是到唐代才出现。其形成甚早，需从长江和秦淮河的变迁说起。

南京位于长江下游。"大江东去"，万里长江自西向东流是大趋势。但是，在苏皖交界一带，江流被江南山势阻遏，由西南折向东北，直到南京下关狮子山麓，才转折再向东行，形成了一个"厂"字形的大曲折。所以江南地区又被称为"江左""江东"。"至今思项羽，不肯过江东"，便是这形势的写照。诞生于秦淮河与长江交汇处的南京主城，恰好被环抱在这个曲折之中，正符合美国城市学家刘易斯·芒福德的理论：城市首先出现在大河流域，是一个世界性的规律。而南京从建城之初，便是一座沿江城市的地位，也就十分清楚。

前文说过，长江的入海口，直到六朝时期尚近在镇江、扬州一线。长江南京段水面开阔，宽约十千米，因临近入海口，受海潮顶托，泥沙沉积量大，江中较多沙洲，形成若干近岸夹江和天然港湾。而宽达百米以上的秦淮河，同样携带大量泥沙，一方面在今天的主城区南部形成秦淮河河谷平原，一方面因入江处水面陡然宽阔、流速变缓，又受到江水顶托，遂形成一个沙洲，因洲上"多聚白鹭"得名白鹭洲。白鹭洲的出现，又加剧了长江挟带的泥沙在此堆积。

白鹭洲与长江东岸之间形成的夹江，南、北两端均有出口与长江干流相通。《太平御览》卷六十九载："《丹阳记》曰，白鹭洲在县西三里，隔江中心。"这里说的"县"指江宁县治，位于今朝天宫冶山东麓，距水西门江边约一千米。据此计算，白鹭洲与长江东岸之间形成的夹江，只有四五百米宽，风浪比长江干流小得多，自然宜于船只安全停泊，也就成为一个天然良港，即六朝时期"商旅方舟万计"的石头津。

清版画《石城早发》

南宋《景定建康志》卷十九引旧志说:"白鹭洲,在城之西,与城相望,周回一十五里。"这里说的"城"指南唐所建、延续宋元的金陵城,其南垣在今中华门一带,正位于越城北。北垣以乌龙潭为护城河,即位于石头山南麓。江心洲渚皆顺流呈狭长形,白鹭洲周长十五里,其长度约在六七里,以秦淮河入江口相度,其南端位于越城之北,北端与石头山相近,呈现出与金陵城隔夹江"相望"的形势。"三山半落青天外,二水中分白鹭洲。"李白诗中所描绘的景致,足证直到唐代,这一形势仍没有改变。

越城和金陵邑,这看似孤立的两个点,其实都与秦淮河入江口、与可供水军回旋的天然良港石头津密切相关,足见秦淮河对南京建城史的决定性影响:它们都发挥着"扼江控淮"的功能。石头山是南京城区长江东岸的制高点,扼守长江的功能明显高于越城,也更容易引人关注,所以后世吟咏不绝。越城因为处于居民商业区中,其军垒功能不容易凸显出来,实则控制沿江天然良港的作用,并不亚于石头城。

越城和金陵邑,既是当时因地理形势和军事需要作出的明智选择,又成为未来都市发展的基点。

良港决定城市命运,为世人所熟悉的例子是中国香港。当年英国看中这一荒岛,就是因为借先进勘测技术,发现港岛与九龙半岛之间的水域是整个远东地区最优质的深水良港。

良港也同样决定了南京城的命运。在此后的城市发展中，东吴在金陵邑遗址上建造的石头城，作为六朝都城的门户，始终是卫护都城的军事重地和副政治中心。秦淮河南岸的越城周边，逐渐形成稠密的居民区、手工业作坊区和繁华的商业区，也就是后世蜚声天下的长干里，孕育出南京最初的市民文化。

秦淮河提供城市所需要的基本生活资料、手工业生产原料，作为交通与商业贸易重要航道，与长江一起，决定着南京的城市发展方向。正是秦淮河入江处的小小白鹭洲，对于南京城市的最初形成，发挥了至关重要的作用。

秦淮河不愧为南京的母亲河。

四　东吴定都开运河

吴大帝黄龙元年（229），孙权在武昌（今鄂州）称帝，随即迁都建业，首开南京建都史。孙权明确说过："秣陵有小江百余里，可以安大船。吾方理水军，当移居之。"孙权看中的，就是相对大江而言的小江秦淮河，可供"安大船""理水军"。

史家多说孙权选择建业是听他人所劝。其实早在东汉兴平二年（195），孙策与刘繇部下薛礼、笮融恶战争夺秣陵，攻取湖熟，占领雨花台，对秦淮河流域就有了充分了解。这一自湖熟文化时期千余年来发展而成的繁荣经济区，可以成为都城的经济腹地，无疑是一个重要因素。建安四年（199）孙策与孙权在夏口（今汉口）大败黄祖，俘获战船千艘，将这些战船带回江东，肯定会经过秦淮河入江处的夹江。所以孙权建安十七年（212）改秣陵为建业，明确宣示"建帝王之大业"的意图，同时即在金陵邑旧址兴建石头城。

历史毕竟在进步。东吴立国后，人们已不满足于简单地利用自然水系，而是运用自己的力量，开凿了多条运河，试图构建更为合理适用的水系网络。

《建康实录》卷二中对东吴建业运河开凿工程的记载，最为详尽。定都建业十年以后，赤乌三年（240）十二月，农闲时节，孙权"使左台侍御史郄俭监凿城西南，自秦淮北抵苑城，名运渎"。

运渎，顾名思义，就是运输水道，目的是将长干里商业区的物资运往宫城区的苑城。经过七百年的发展，越城与凤台山之间的长干里，不但已是繁华商业区，而且成为重要的商品集散地。所以东吴在凤台山南麓设大市加以管理。

运渎南起秦淮河上斗门桥（临近今上浮桥）。斗门桥路北接红土桥路（今南段并入鼎新路），直至评事街北口的西州桥。红土桥路在清代尚是河道，后逐渐湮没，1936年填平河道成路。红土桥河很可能本是秦淮河的一条支流，被东吴整修成运渎南段。由西州桥经今木料市、大香炉、明瓦廊一线，进入宫城区西侧的太子西池（亦称太子湖），随之东转，在今中山东路、洪武北路交汇口一带进入苑城。近年考古发掘证

孙吴都建业图

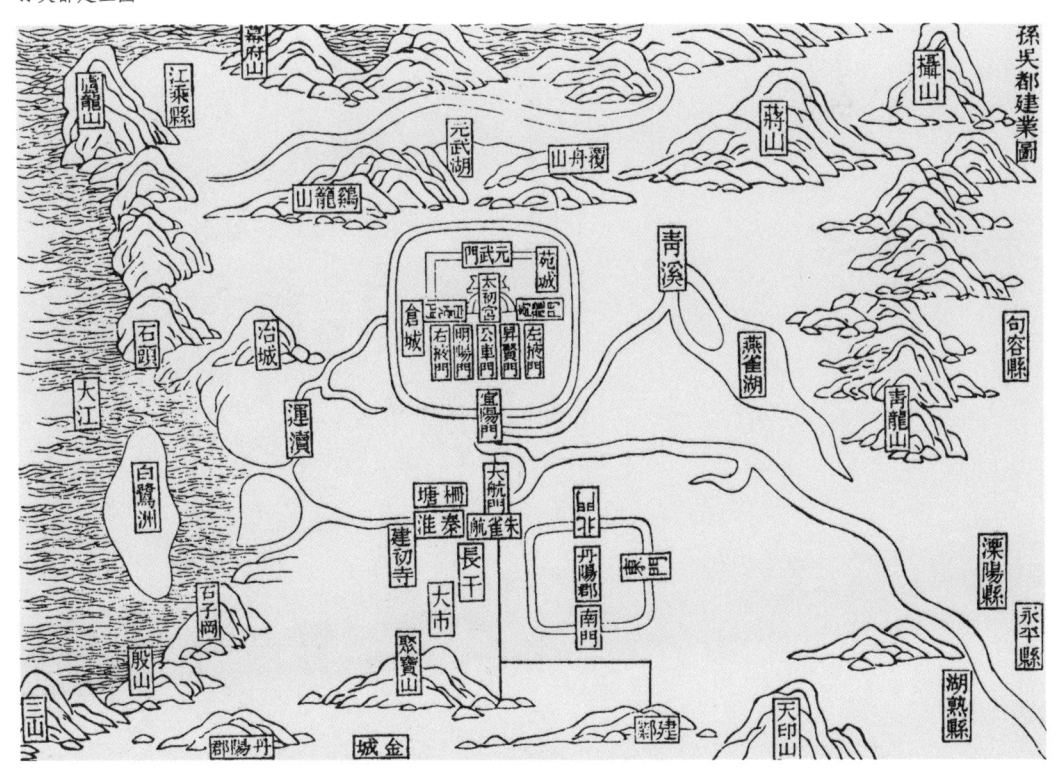

明，台城西垣在网巾市、抄纸巷一线，南垣在文昌巷、游府西街一线。自今木料市、大香炉、明瓦廊到抄纸巷一线，正有一个明显的向东偏折，与上述水道相吻合，所以研究者多认为这即是运渎故道的遗迹。在晚清至民国初年的地图上可以看到：自淮海路、户部街到铁汤池一带，仍散布着多个大大小小的水塘。二十世纪五十年代初建新街口百货公司时，就填平了两个水塘。

运渎不仅是都城商业中心与政治中心之间最便捷的运输线，也成为东吴境内转运物资的一条新航运交通线。江南吴（今苏州）、会（今绍兴）地区的物资，由太湖经南运河至京（今镇江）入长江，西行至石头城，上溯秦淮河，进入运渎，北行可以直接抵达苑城。或者南行至大市，又使大市成为东吴最重要的商品集散地。

晚清地图上户部街一带水塘

赤乌四年"冬十一月，诏凿东渠，名青溪，通城北堑、潮沟"。这一句后的注文很长，涉及潮沟、运渎、城北堑与青溪四条水系，后都被归入秦淮河的支流。

先看青溪。源出钟山的燕雀湖（明初建皇宫时被填平）被视为青溪东源。由燕雀湖西行至菰首桥，西北通募士桥（今竺桥附近），西南向青溪中桥（今四象桥），再转向青溪大桥（今淮青桥）汇入秦淮河。淮青桥即因位于秦淮河与青溪交汇处而得名。这还只是大的曲折，其间小的曲折肯定更多，所以史称"九曲青溪"。这是秦淮河支流青溪的自然流域。六朝时被广为传说，进入祀神乐曲的青溪小姑，是南京文化史上最早留下名字的女性。

青溪北源出自玄武湖，在覆舟山东侧南行，至募士桥。这一段水道基本上呈南北走向，紧临苑城东侧。所谓"凿东渠，名青溪"的东渠，应该就是这一段。源于青溪的城北堑，起点也在募士桥。东渠应当是工程进行时的名称，因为它位于苑城及潮沟、城北堑两条运河之东，待开凿完成，便归入青溪流域，统称青溪了。青溪，即东方的河流，按五行方位，东方色青，所以后世有人写成清溪是不对的。如果说整个青溪流域都是东吴所凿，未免不现实，因为肯定不会有那么多曲折，更不会有湖泊。但募士桥至玄武湖这一段，工程量并不大，而且可能原来还有水道可以利用，所以能够很快完成。

潮沟水源自青溪，在覆舟山南麓由东向西流，经过苑城北面，转而向南，在苑城西门与运渎相交。开凿潮沟的目的，是补充运渎水量。因为南京的地势是北高南低，运渎仅靠秦淮河的水源，航运难以抵达宫城和苑仓，而潮沟水自北向南则是顺势而下。今天东南大学西侧的进香河，就是潮沟的遗存。后因潮沟东段湮塞，又在覆舟山与鸡笼山之间，即今南京市人民政府所在位置，开运河直接引玄武湖水进入潮沟，以保证潮沟和运渎水量。因为当时玄武湖尚与长江相通，这条水道能够"引江潮"，所以被称为潮沟。今解放门附近武庙闸，仍为玄武湖与珍珠河之间的通道。

城北堑也是郗俭所开凿的运河，因位于苑城北部而得名。城北堑始于募士桥西南的鸡鸣埭，也就是齐武帝上钟山打猎途中听到鸡鸣的地方。鸡鸣埭位于苑城的东北角，与今天的鸡鸣寺全不相干。募士桥与鸡鸣埭之间的水道便是城北堑，后同样汇入运渎。有人以为城北堑即今珍珠河，其实城北堑与唐末杨吴城壕的关系更近。杨吴北城壕的东段，即今竺桥至进香河的一段，很可能是整修城北堑而成。至于进入东晋南朝台城的珍珠河，在浮桥与城北堑相通，但不能等同于城北堑。宋代杨备有诗："金殿分来玉砌流，黑龙湖撒凤池头。后庭花落恩波断，翻与南唐作御沟。"写的就是这水系变化。准确地说：珍珠河应是城北堑进入台城的一条支流。

上述水道之外，还有一段河道，即由四象桥向西，经洪武路南端内桥、绒庄街北端鸽子桥连接西州桥的水道，应该也是这一时期所开凿的运河。这一段运河工程量不大，而将青溪与运渎、秦淮相连通，无论从交通运输的角度，还是水源相互调剂的角度，好处都是很大的。后世将这一段称作运渎东源是有道理的。

因为内桥正处在建康城御道即南北中轴线上，所以习惯上以它作为青溪与运渎的分界，其东水道，无论自然还是人工，皆统称青溪，其西则称运渎。

后世被认为属于运渎水道的，还有自西州桥向西，过七家湾北小新桥（宋代名鼎新桥）、仓巷北口的崇道桥（后名道济桥，今名仓巷桥）、冶城西的文津桥和望仙桥，至栅寨门（亦名铁窗棂、铁窗子，今涵洞口）进入夹江的一支。

这段运河的开凿，虽未见记载，最大可能也是在东吴时期，以便将冶城铸造的兵器，经此直接水运到军事要地石头城，而石头城中正有较大规模的兵器库。金属兵器很重，水运成本既低又相对安全，这应是孙权选择冶山作为兵工厂的因素之一。但是，这条运河东端如果只开凿到冶城，单靠秦淮河水上溯，难以保证通航，而东接西州桥，与运渎、青溪连通，既可以保证冶城与石头城的水上交通联系，使两城充分发挥战略要地作用，又成为建业城的一条新交通干线。尤为重要的是它东接青溪、中交运渎、南通秦淮、西入长江，具有调节几大水系的作用。这条水道位于秦淮河干流之北，又在杨吴北城壕之南，所以被称为秦淮中支。

秦淮中支的形成，对于南京城市形态产生了重要影响。东晋南朝建康都城的南门宣阳门，就位于秦淮中支的北侧，建康都城南垣即以秦淮中支为护壕。秦淮中支北侧形成了重要的东西交通干道，即今白下路、建邺路一线，也一直被作为南京城的南、北分界。西晋末年王敦建扬州治所西州城，就位于秦淮中支北侧、运渎西侧。西州城与东府城对称。东晋后期会稽王司马道子任扬州刺史时，在今通济门附近兴建新的扬州治所，称东府城，原扬州治所遂被称为西州城，即西面的州城。所以西州城东南角运渎上的桥，被称为西州桥。西州桥位于今笪桥西侧，但笪桥是南北跨秦淮中支，而西州桥是东西跨运渎。后运渎河道湮没，西州桥也随之消失，只留下秦淮中支上的笪桥了。正因为笪桥处于南北、东西两条重要水道的交汇点，受交通枢纽大量商业物流的影响，周围形成繁华商市圈。其北张府园的西虹桥一带在明代成为大市，其东的鸽子桥、其南的评事街都成为闹市，也就不奇怪了。

回到东吴。孙权的太初宫，续用了当年孙策的讨逆将军府，太初宫的东北建造了仓城，亦称苑城，以保障宫城的物资储备。但是建业都城始终未筑城墙，就以自然山水作为屏障：东面的青溪，北面和西面北段的潮沟，西面南段的运渎，加上南面的秦淮中支，四面水道相环绕，不但交通运输大为便利，也成为都城的屏障。南面宽阔的秦淮河和西面的长江，北面的玄武湖和东面的钟山，则成为建业城的天然外郭。明确这一点，也就可以理解建业城以至东晋南朝建康城为什么可以没有城墙，因为它四面都有河流围护。

这一都城格局，后为东晋南朝所延用，终六朝没有改变。

东晋定都南京，初期因经济艰难，只能沿用东吴旧宫城。晋成帝咸和四年（329），因为苏峻叛乱致原有"宫室焚毁，化为污莱"，无从收拾，议定在东吴苑城基础上修造建康宫城。咸和五年九月，才兴工"作新宫，始缮苑城"，也就是后世所说的台城。而建康都城的营建，同样充分利用了东吴的运河为城壕。潮沟成为建康都城北面和西面北段的

《南京的名胜古迹》中的《金陵古水道图》

城壕,至建康都城西面偏南的阊阖门外汇入运渎。城北堑则从都城东北角进入都城,抵台城外,成为台城北面及西面的城壕,出阊阖门汇入运渎。

同时,东、西两面河流的走向,也决定了城市中轴线的方向。当代考古证实,东晋南朝台城的中轴线并不是正南北方向,而是北偏东二十五度。从复原的南京水道图上可以清楚地看出,造成这种偏斜的原因,正是当时南京地区的水道走向。都城东边的青溪和西边的运渎、潮沟,既是都城的屏障,同时也限定了都城的外沿。南京城与秦淮河之间,就是这种不可分离的依存关系。

利用自然山水作为城市屏障,南京建城之始即已确立,只是由于青溪和运渎水道在后世发生了较大的变化,才使这一范畴变得模糊起来。尤其是古代的地图,都把王朝都城画成正南北方向,对后人也是一种误导。

四面环水的不利之处,是易受水灾。《建康实录》卷二记载了一个典型事例:东吴太元元年(251),"八月朔,大风,江海溢,平地水一丈。右将军吕据取大船以备官内,帝闻之喜"。当时长江的入海口近在镇江、扬州一线,八月正是多台风的季节,海水受台风影响,沿长江倒灌入秦淮河。平地水深一丈或有些夸张,但建业官城被洪水围困、陆地行船是肯定的,所以孙权得知有船来救,十分高兴。

因为玄武湖时受江潮影响，更容易泛滥成灾，六朝时期又在鸡笼山与覆舟山之间的垭口之南，修筑十里长堤以防洪。《梁书·侯景传》记侯景叛乱围攻台城，"引玄武湖水灌台城，城外水起数尺，阙前御街，并为洪波"，就是凿开这十里长堤所致。晚唐诗人李商隐《咏史》诗中"北湖南埭水漫漫"，明确指出"北湖"与"南埭"的位置关系；晚唐诗人韦庄《台城》诗中"无情最是台城柳，依旧烟笼十里堤"，诠释了"台城柳"与"十里堤"的位置关系。今人将"十里堤"解释为太平门外玄武湖堤，实属误会。

东吴最大的运河工程，是开凿破冈渎，沟通秦淮河与苏南运河，使东南丰饶的物产不需经过长江，沿内陆河道即可直接运往都城建业。

赤乌八年（245）八月，孙权"使校尉陈勋作屯田，发屯兵三万凿句容中道，至云阳西城，以通吴、会船舰，号破冈渎。上下一十四埭，通会市，作邸阁。仍于方山南截淮立埭，号曰方山埭"。破冈渎始于方山南麓的方山埭。前文说过，秦淮河北源句容河过句容城后西转，汇赤山塘水继续西行，与南源溧水河汇合于方山。方山埭蓄水，可以提高赤山塘水位。但赤山塘水位再高，也不足以促使破冈渎运河水南行。实际上，运河是上接原来南行的句容河，利用源头宝华山的水位高差，逐段筑堰蓄水，翻越南行沿途丘陵。赤山湖水位提高，可减小句容河与赤山塘的落差，以便南京方向的船进入句容河。只是南行运河仍遇到必须凿开的高冈，也就是破冈埭，位于全线最高点，所以这条运河命名破冈渎。云阳即今镇江丹阳，这条运河不需经过镇江，至云阳西城后，即可连接江南运河，达到沟通吴（今苏州）、会（今绍兴）地区与都城建业的目的。

破冈渎的水文测量与路线设计水准，在当时肯定是令人惊诧的，所以传为神奇。《太平御览》卷五十九引录了《异苑》中的一个故事："孙权赤乌八年遣校尉陈勋漕句容中道，凿破冈，掘得一黑物，无有首尾，形如数百斛缸，长数十丈，蠢蠢而动，有顷悉融液成汁，时人莫能识得。此之后获泉源，咸谓是水脉。每至大旱，余渎皆竭，唯此巨流通焉。"撇开神话色彩，破冈埭开凿时正好挖到了泉源，所以破冈渎在大旱之年仍能保持畅通。

东吴不惜代价开凿破冈渎，说明当时南京地区的农业生产、经济发展水平仍不足以维持东吴政权，尤其是皇室与军队的巨大消费需求，不得不继续依赖东南吴、会地区提供物资。原有的水运路线，自南运河至京口，入长江上溯石头城，江上风浪大，常会造成船只覆沉，伤人损物，同时长江是开敞的外河，也容易受到敌方的攻击。因此东吴不惜花费大量人力财力开凿破冈渎，水上运输的安全性大为提高。东晋和南朝宋、齐都沿用了这条交通线，梁一度废破冈渎另辟上容渎，但陈又重修破冈渎。

破冈渎的开凿，对流域沿线的经济发展也有促进作用。从方山埭到云阳，距离虽不算远，但逐埭翻岭，船只都须人力牵引，有的尚须牛力牵引，提供了就业机会。由于船行缓慢，单程即需数日之久，船队行商，人需休憩之所，货需暂存之栈，官用、军用物资更会有专门的库房，必然会给这些地方带来商机，即所谓"通会市，作邸阁"。《三国志》注引《江表传》，"策渡江攻繇牛渚营，尽得邸阁粮谷、战具"。邸阁即仓库。《世说新语·雅量》中有一个故事："谢奉南免吏部尚书，还东。谢太傅赴桓公司马，出西。相遇破冈。既当远别，遂停三日共语。"谢奉免官回绍兴，谢安从绍兴出任征西大将军桓温的司马，两人相遇破冈渎，停留三日，足见沿途有馆舍可供食宿。一方面，加强了沿线居民与吴、会地区的经济往来和文化交流；另一方面，也加强了与六朝都城之间的联系，促进了秦淮河上游和中游地区的安定繁荣，对于都城无疑是有利因素。所以隋炀帝在开凿大运河时，有意识地废弃了破冈渎等水道，割断南京与环太湖地区的联系，以削弱南京的影响。

五　桃叶渡的无常风波

　　今人对于秦淮河可以作为城市屏障往往会感到疑惑，因为现在可见的十里秦淮，宽处不过二十来米，青溪更窄，实在无从御敌。

　　然而，六朝时期，秦淮河下游宽达百余米，是有据可考的。《建康实录》卷七记载，东晋咸康二年（336）十月重建秦淮河上的朱雀航，注文解说："案《地志》：本吴南津大桥也。王敦作乱，温峤烧绝之，遂权以浮航往来。至是，始议用杜预河桥法作之，长九十步，广六丈，冬、夏随水高下。"杜预是西晋军事家，他的"河桥法"是"造舟为梁"，也就是以船串搭成浮桥，"随水高下"正是浮桥的特征。浮桥的长度，即相当于河面的宽度。晋代一尺合今二十四点五厘米，一步六尺，九十步约合今一百三十二米。这还是冬季枯水时节的秦淮河宽度，春、夏水涨之际，肯定不止于此。所以此前温峤烧断桥梁，就能够阻挡王敦叛军的进击。

朱雀航位于都城中轴线的南端，东晋时在今门东长乐渡一带，南朝梁时西移至今镇淮桥一带。按照常理，造桥总是选择河面相对较窄的地方，因此别处的河面很可能更宽。比如桃叶渡。

桃叶渡，因书法家王献之的《桃叶歌》而名传千古。

广为流传的《桃叶歌》，是这样的一首："桃叶复桃叶，渡江不用楫。但渡无所苦，我自迎接汝。"

《乐府诗集》中所收的《桃叶歌》另有三首：

"桃叶映红花，无风自婀娜。春花映何限，感郎独采我。"

"桃叶复桃叶，桃树连桃根。相怜两乐事，独使我殷勤。"

"桃叶复桃叶，渡江不待橹。风波了无常，没命江南渡。"

有人分析，这四首诗歌中，一、三两首是王献之的口吻，二、四两首则是桃叶的口吻，读起来有一种唱和的韵味。不过历来都将四首统归于王献之名下，就算是桃叶的口吻，也是王献之模仿桃叶口吻而作。这种代妻妾情人立言的玩法，在古代文人骚客中并不少见。

水面宽阔的秦淮河，时称小江。"渡江不用楫""渡江不待橹"的意思，是说江上风急，无须用（或无从用）楫、橹，巧用帆樯借助风力便可渡过。"但渡无所苦"，自是岸上的王献之在宽慰船上的桃叶。而作桃叶口吻的"风波了无常，没命江南渡"，同样是说风波，感受大不相同。

清人画《桃渡寻诗》

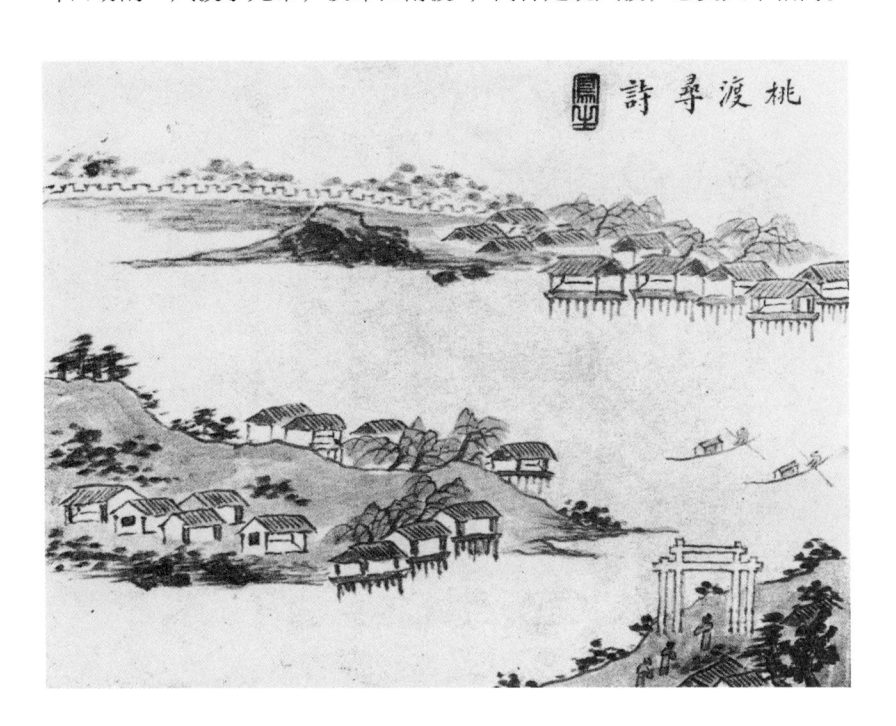

明人画《乌衣晚照》

桃叶渡的位置在秦淮河北岸，而王、谢家族聚居的乌衣巷在秦淮河南岸。明顾起元《客座赘语》卷二有"王谢居址"一条："刘禹锡诗：'朱雀桥边野草花，乌衣巷口夕阳斜。'案朱雀桥即朱雀桁也，地在今聚宝门内镇淮桥稍东，乌衣巷当剪子巷至武定桥一带是。盖桃叶渡在武定桥之东，而大令有渡江迎接之歌，知其家于此也。"剪子巷临近朱雀桥，东晋时的乌衣巷，或在今箍桶巷与大油坊巷一带。今夫子庙文德桥南的乌衣巷，很可能在清代才得名。与桃叶渡相对，秦淮河南岸也有渡口，同样名传千古，即"秦淮四航"中的骠骑航，近今武定桥。所以桃叶渡并不是王献之迎送桃叶的地方，而只能是桃叶独自南归时登船的渡口。明知风波无常，仍要搏命南渡，尤可见出桃叶的真情。

　　现在看桃叶渡下的秦淮河水，是从明城墙东水关入城的。东水关的前身是南唐的上水门，而在南唐建金陵城之前，从东面浩浩荡荡而来的秦淮河水，没有城墙约束，应该是从赤石矶北端到白鹭洲公园一带进入城区。这一片大水面，在东吴时被称为娄湖，南朝齐武帝曾作娄湖苑，陈宣帝立方明坛于娄湖以誓师，操练水军，可见湖面不会小。今白鹭洲公园内的白鹭湖即是娄湖遗存部分。正是因为娄湖的存在，老城南门东地区的开发，远晚于门西地区。在门西长干里居民区密集之后，东晋南朝向东开拓的新居民区，只能位于娄湖东南的赤石矶山麓和娄湖西南的乌衣巷（今剪子巷附近），南朝权贵则多居住于青溪两岸。

旧时传说娄湖系东吴娄侯张昭所开，因而得名娄湖。张昭是东吴开国重臣，《三国演义》中写孙策临终嘱咐孙权："内事不决问张昭，外事不决问周瑜。"就是这个张昭。然而以人工开挖这样大的湖，实不足信，最多是湖因张昭得名而已。赤石矶北麓的地名，因此被叫成了娄湖头。北宋嘉祐年间调任江宁府的梅挚，在赤石矶上建周处台，旨在鼓励改过自新。宋、元间娄湖南部湮灭，娄湖头这地名为人所不解，遂被附会为"老虎头"，说成周处将在宜兴"除三害"射死的老虎头带到了这里。

直到明代晚期，白鹭洲公园以西与秦淮河之间仍然沼泽连片。清代乾隆年间的"金陵四十八景"中，有一景名"长桥选妓"，说的是明末清初"秦淮八艳"时代的故事，那座长板桥就架在这一片沼泽上。这也就是余怀《板桥杂记》书名的由来。清康熙年间沼泽稍干，改筑石埂以便通行，名石坝园。后沼泽渐干，石埂变路，演化成大石坝街、小石坝街、东石坝街、西石坝街。二十世纪八十年代，白鹭洲公园内的白鹭湖东边仍直抵明城墙根，城墙外就是外秦淮河，今称月牙湖。所以说六朝时月牙湖、白鹭湖与秦淮河连为一体，应该是没有疑问的。白鹭洲公园以南的小西湖，也是娄湖遗存，到明代面积还不小，时为戏曲家徐霖的快园。明武宗南巡在园中湖边钓鱼，居然真钓上一条，太监起哄争着买鱼，竟将皇帝挤入湖中，成为千古奇闻。

上 | 流域篇

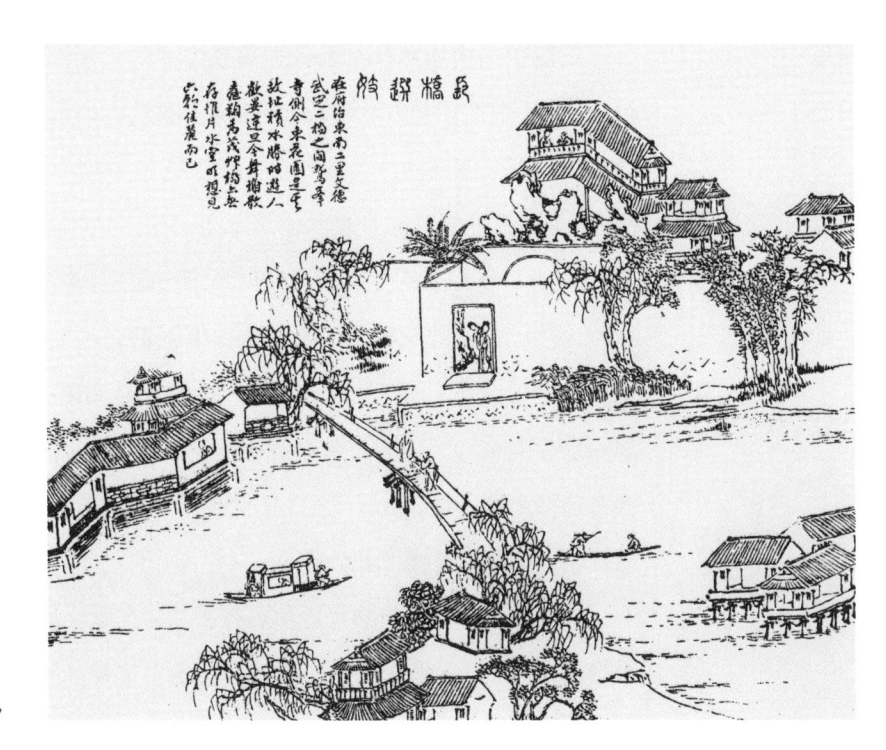

清版画《长桥选妓》

东城山水街道图

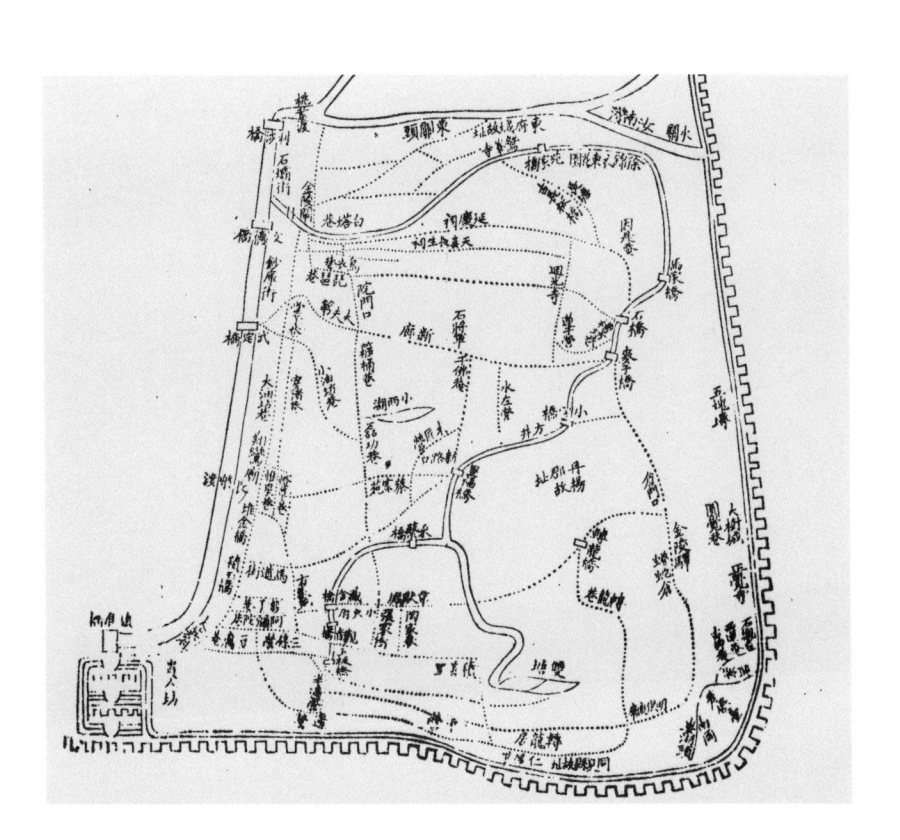

乾隆年间寓居桃叶渡附近的吴敬梓有诗："世间重美人，古渡存桃叶。"桃叶渡成为秦淮河畔不朽的风景，被历代诗人吟咏不绝。然而明、清以降，至关紧要的"风波"二字渐渐淡出，化为桃红柳绿的"渡头春水"。身临其境，首先入眼的便是水面狭窄，实在想象不出如何兴风作浪。于是，有人怀疑当年的桃叶渡本不在此处。《隋书·五行志》中有一段记载，说南朝陈时，江南到处传唱王献之的《桃叶歌》。不久隋晋王杨广率军伐陈，在江北六合县境内的桃叶山下安营扎寨，陈朝降将任忠为隋军做向导，迎隋将韩擒虎渡江，正应了歌词中的"但渡无所苦，我自迎接汝"。清代嘉庆年间吕燕昭修《江宁府志》，确指桃叶渡在六合桃叶山下的韩擒虎渡江处。

桃叶山下的渡口自然可以称桃叶渡，但王献之的桃叶渡，肯定是在秦淮河上。吕燕昭有此误会，是因为他不了解秦淮河的历史变迁。

朱雀航与桃叶渡，都是六朝时期的重要交通枢纽。

当其时，河流相当于城市的血管，为居民提供饮水、用水和水上交通的便利。但宽阔的秦淮河既可作为城市的屏障，也就成为陆路跨越的一种阻隔。因此，在道路与河流的交汇处，桥梁和渡口便不可或缺。水网密布的六朝都城之中，当然不会只有这两个渡口，各水系之上，都有桥梁贯通。据《建康实录》卷二中记载，六朝时运渎自北至南有孝义桥

（在苑城西门外，近今中山东路、洪武北路口）、杨烈桥（在西州城东门外）、西州桥（在西州城西南角，近今笪桥）、高晔桥（今鼎新路草桥附近）、新桥（今红土桥附近）、万岁桥（今升州路南）等六桥。青溪上自北向南有乐游苑东门桥（今覆舟山东麓）、尹桥（今北京东路、龙蟠路口附近）、鸡鸣桥（今笪桥北）、募士桥（今笪桥附近）、菰首桥（今明故宫西部）、青溪中桥（今四象桥）、青溪大桥（今淮青桥）等七桥。秦淮河上则有四航和二十四航两种说法，二十四航从无确指，为历来研究者议论不已。可以肯定的是东航（小航，今东水关附近）、骠骑航（丹阳航，今武定桥附近）、朱雀航（大航，今长乐渡附近）和竹格航（近今水西门）等四航。这些桥梁，现在多难以确指其位置所在。

  晚清、民国年间，对南京城中桥梁的记述较多。因为水系变化，人口增加，往来频繁，桥梁数量大增。简而言之，城内十里秦淮上的桥梁，自东水关至西水关，依次有利涉桥（近桃叶渡）、文德桥、武定桥、镇淮桥、饮虹桥（今新桥）、上浮桥、陡门桥（近鼎新路南口）、下浮桥、回龙桥。运渎北段湮没，仅余今鼎新路上的草桥、红土桥。潮沟（今进香河）上桥自武庙向西有浴沂桥（近武庙闸）、土桥，转南有进香河桥、西仓桥、北石桥（今大石桥）、红板桥、严家桥、莲花第五桥。秦淮中支上桥，自内桥迄西有羊市桥、鸽子桥、笪桥、鼎新桥、道济桥（今仓巷桥）、文津桥、望仙桥、张公桥。青溪北段归入杨吴城壕，南段有四象桥、淮青桥。杨吴北城壕上桥,自西向东有豆菜桥、小粉桥、北门桥、通贤桥、浮桥、竺桥,由此转而向南,有玄津桥、复成桥、大中桥。此外南唐宫城护壕有东虹桥、内桥、西虹桥(明大市桥)、青平桥、日华桥、飞虹桥、月华桥、广宫桥。明故宫护壕上有青龙桥、白虎桥、会同桥、乌蛮桥、柏川桥、内五龙桥。明代所开门东小运河上,有五板桥、观音桥、藏金桥、采繁桥、星福桥、小心桥等。此外秦淮河众多小支流上也各有桥梁,难以尽数。

二十世纪后期,随着城中水面大幅缩减,许多桥梁下河道湮灭,化为地名,有的连地名都消失了。现存的青溪、运渎、进香河、杨吴城壕、秦淮中支等水道,既是秦淮河的支流,也就都被归入秦淮河流域。

六朝时长江入海口离南京既近,台风海啸,海水沿长江倒灌,常使秦淮河泛滥成灾,就连东吴的皇宫也难免水灾威胁。《建康实录》卷九载,东晋太元十三年(388),"冬十二月戊子,涛水入石头,毁大航,杀人"。涛水入石头,不是进入石头城,而是进入石头津。大航即朱雀航。这也说明石头津不在石头城西侧的大江边,而在秦淮河入江处的夹江,涛水进入夹江,接着倒灌秦淮河西五华里,冲毁朱雀航。太元十七年(392),"夏六月癸卯,京师地震。甲寅,涛水入石头,毁大航"。卷十载,元兴三年(404)二月,"庚寅夜,涛水入石头,漂毁大航,杀人,其声动天"。卷十七载,南朝梁天监六年(507),"八月戊戌,大风折木。京师大水,涛入御道七尺"。据陆游《南唐书》,昇元六年(942),还有"都下大水,秦淮溢"的记载。由此可见:桃叶渡出现波涛风浪,翻船溺人,并不奇怪,桃叶才会有"风波了无常,没命江南渡"的感叹。

六朝时期秦淮河宽逾百米,也已被近年的考古发现所证实。2010年春,南京市博物馆考古部在老城南颜料坊地块考古中,发现了秦淮河岸边一处古码头驳岸遗址,可以清晰地看出六朝至南唐的码头变迁状况。我有幸前往考古现场观看,据测量,六朝时期的两岸码头之间,相距约在一百米。隋唐时期的码头,单侧收窄约五米,烧结土的驳岸地面也较六朝稍低。渡河码头与桥梁一样,都会选择在河流较窄处。这处码头遗址距新桥不远,可见直到南唐,秦淮河的宽度仍在百米上下。

然而到了宋代,秦淮河的宽度急剧收缩,据文献记载,到南宋时期仅剩四五十米。周应合《景定建康志》卷十六记载,南宋乾道五年(1169)建康府留守史正志重修镇淮桥和饮虹桥,镇淮桥修成后,建康府观察推官丘崈作《记》,说到两桥的长度和宽度:"因民所欲,为作而新之,率增其旧四之一。镇淮长十有六丈,为二亭其南,属民以诏令。饮虹长十有三丈,加屋焉,凡十有六楹,而并广三十有六尺。"宋代一尺约合三十一厘米,十六丈约合五十米,十三丈约合四十米。此后开禧元年（1205）丘崇重建，"纵横广袤，一视前日"；宝祐四年（1256），建康知府马光祖重建，"修、广如其旧"。在那近百年间，两桥的长度没有再发生太大的变化，说明河道的宽度已经稳定。

乾道年间新建二桥"率增其旧四之一"，都比旧桥长了四分之一，可见北宋后期的秦淮河还要更窄一些。由此可以断定，南京曾有过一次严重枯水的时期，导致秦淮河水面大幅收窄。

北宋时期的枯水现象，不仅于南京，而是由北半球极寒气候引起的普遍情况。这一点，我们将在第七节《沧桑巨变》中细说。

六　南唐城郭分秦淮

六朝时期，建业城和建康城，以水道为屏障，对于天然水系的干涉，主要是开凿运河，调理水网。当人类的能力还比较弱时，不得不较多地顺应自然环境。而随着人类能力的不断提升，对于自然环境的干涉越来越多，越来越大。

南唐定都南京，构筑大规模的砖体城墙，是南京城市发展史上又一个重要节点。南唐金陵城的规划与兴建，一方面受到秦淮河的影响和限制，一方面也导致了秦淮河下游的重大变化，永久性地改变了既有水系。

南唐都城肇建，始于杨吴时期。据陆游《南唐书·烈祖本纪》记载，杨吴天祐十一年（914），权臣徐知诰"始城昇州，十四年五月城成"，历时近三年。徐知诰在天祚三年（937）正月改金陵府为江宁府，十月受吴帝杨溥禅位，在江宁称帝，改元昇元。昇元三年（939），徐知诰为表示自己是唐王朝的正统继承人，复姓李，改名李昇，改国号为大唐，史称南唐。

元人戚光《南唐书音释》注：南唐都城"始东南跨淮水，即今城也"，也就是宋、元时还可以看到的金陵城。金陵城在承续南朝建康城格局的基础上，第一次南越淮水，将秦淮河下游两岸的稠密居民区和繁华商业区都涵括在内，初步形成了政治、经济、军事相结合的城、市统一体。这是南唐定都对南京城市建设的里程碑式贡献。

秦淮河下游在六朝时是建康城的外郭，此后遂成为城市的内河。

这一变化，为历来史家所注意。但是秦淮河流域的变化，远不止于此。随着都城城墙的建造，秦淮河在上水门被分为内、外两支，城墙外的城壕系统，史称杨吴城壕，俗称外秦淮河，进入城中的秦淮河则被称为内秦淮河。秦淮河流域因此出现了新面貌。

南唐都城大体呈方形，据《景定建康志》所载南宋建康府《府城之图》，可知其东面城垣从今雨花门处向北，过上水门（今东水关）、东门（今大中桥西），至竺桥。北面城垣即由竺桥折向西，沿今珠江路杨吴城壕南岸，过北门（今北门桥南），再沿干河沿南岸、乌龙潭南岸折至长江（今外秦淮河）东岸。西面城垣即由乌龙潭沿长江东岸南去，经大西门（今汉西门）、栅寨门（今涵洞口）、龙光门（今水西门）、下水门（今西水关）至西干长巷。南面城垣由长江东岸向东，经南门（今中华门）至今雨花门处，与东面城垣相接。其西、南两面的城墙，以及东面城墙上水门以南一段，大致为明朝建都城时所沿用，即今天所能看到的明都城城墙的位置。

都城西垣沿长江东岸建造，明显是出于以长江为自然屏障的意图。

都城北垣的杨吴北城壕，西段利用了与长江相通的乌龙潭。自竺桥至进香河的东段，如前所述，很可能是利用了六朝城北堑遗存。中间乌龙潭东至进香河一段，则完全是南唐新开凿的运河，因处于五台山麓和鼓楼岗坡尾，地势较高，河道底部亦为全流域最高，很容易干涸，所以会被叫成"干河"。现在广州路南侧还有一条小巷叫干河沿，即是原城壕遗迹。

杨吴北城壕水的流向，是一个问题。今人多说其以青溪为水源，有珍珠河在浮桥处汇入，进香河在莲花桥处汇入，自东向西汇入外秦淮河。然而，当年尚通长江的乌龙潭，或受长江涨水顶托，或受清凉山雨水，特别是夏季暴雨之后，乌龙潭水势甚大，也会自西向东而来。所以杨吴北城壕水的流向，不能简单地说是自东向西或自西向东，而应是双

《景定建康志》中的《府城之图》

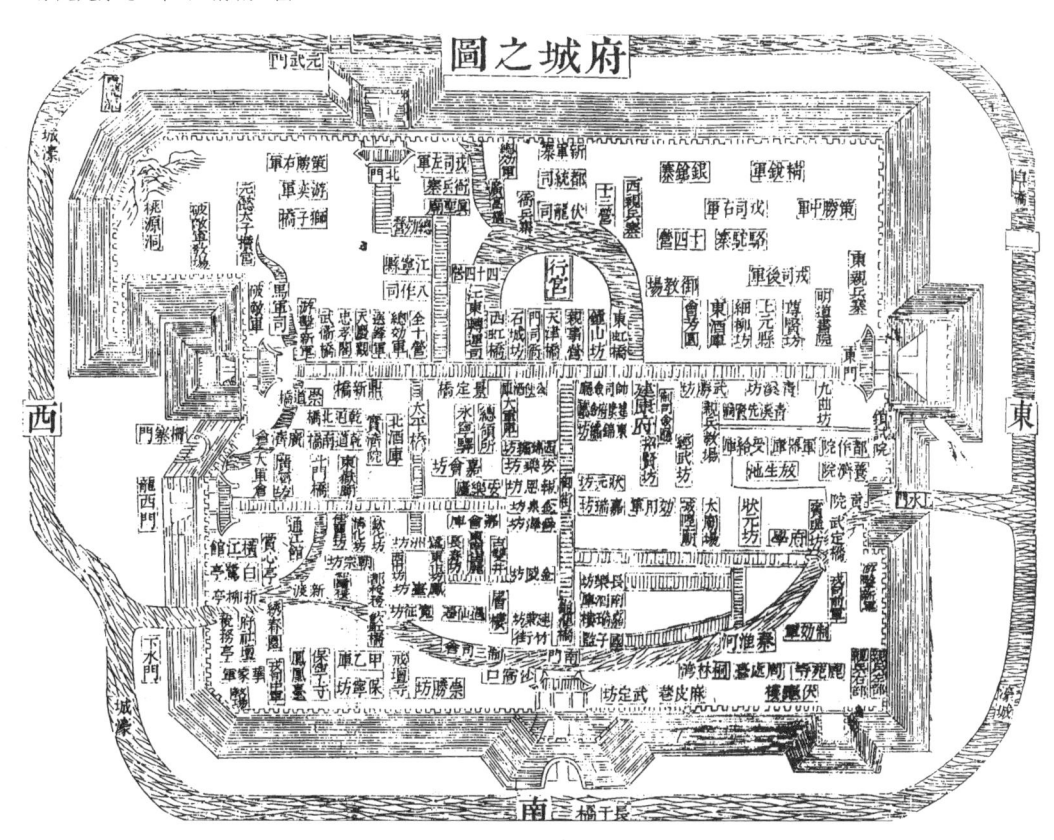

向都有。《客座赘语》卷七有《辛水东流》一条："少桥张封公居北门桥之豆巷，尝语余：三十年前有一堪舆谓之曰：'君宅后之河，自西而东，所谓一弯辛水向东流也，此地宜出状元。'"这可以证明，在明代后期，乌龙潭、干河沿西来之水，仍能东流过北门桥。这"辛水东流"的豆巷，在万历年间果然出了一位状元，不过没有应在张家，而是张家的邻居、在清凉山崇正书院深造的焦竑。豆巷也被人叫成了焦状元巷。《同治上江两县志》卷四中仍说："杨吴城壕水，自北门桥东流，折而北，进香河水入焉，又东流迳浮桥北，珍珠河之水亦入焉。"

清代乾隆年间诗人袁枚有诗："北门桥转水田西，路少行人鸟渐啼。遥望竹云遮半岭，此中楼阁有高低。"出北门桥向西即是大片水田，虽有道路而行人稀少。半岭竹云中的楼阁，就是他随园的建筑。号称三百亩的随园，出色的就是一派田园风光。道光年间甘熙《白下琐言》卷二载："干河沿之不二庵，白莲盈沼。"可见清代中期，今广州路一带仍属低洼湿地。二十世纪六十年代，我在金陵中学上高中时，干河沿尚是一条约两米深的大阳沟，夏季水常满，冬季多干涸。在中山路下有东西向大涵管，连通两侧水道。

杨吴东城壕，即今龙蟠中路西侧水道，以上水门（今东水关）为界，南、北两段情况不同。自竺桥向南直至上水门的北段，应该是利用了自然形成的青溪故道，但也做了清淤与整理的工作。这一段青溪曲折水道的拉直，很可能就是在此时才最后完成。所以后人往往将这一段水道归为杨吴所开凿的运河。

东门南侧的上水门，对浩浩荡荡而来的秦淮河，发挥了分流与管束的作用，进入城内的一支即"十里秦淮"。另一支则被引入城外新开河道南行，随城墙转折向西，过南门（今中华门）直入长江，成为东垣南段及南面城垣的护壕，也就是外秦淮河的最初形态。《至正金陵新志》卷四，说到这一段城壕是人工开凿的运河："长干桥，在城南门外。五代杨溥城金陵，凿壕引秦淮绕城。咸淳乙丑，马光祖新创。"修筑金陵城时开运河引秦淮水绕城为护壕，因有此运河相隔，所以南门外必须修造桥梁以便通行。南宋咸淳元年（1265），建康知府马光祖曾重修长干桥。而长干桥西南的落马涧，原先应是北行汇入秦淮河的，此后遂经涧子桥在上码头汇入外秦淮河了。

由上水门（今东水关）入城的内秦淮河，西南行至南门（今中华门）里镇淮桥，转向西北至下水门（今西水关）出城。"十里秦淮"以镇淮桥区分为东、西两个五华里。

我们今天常说内秦淮河自西水关出城，与外秦淮河相汇，其实西水关外这一段水道，在南宋之前，就是长江的水道，即白鹭洲与长江东岸间的夹江。此后因为蔡洲南部与长江东岸相连阻断了上游的江水，这一段才完全成为秦淮河的入江水道，俗称外秦淮河。而蔡洲与长江东岸相连的时间，应该就在宋、元之际。

南宋诗人陆游的《入蜀记》中对于这一水道的记述，可以作为佐证。他在乾道六年（1170）从浙江赴四川上任，七月五日到南京，过下关，在石头山下进入夹江："过龙湾，浪涌如山，望石头山不甚高，然峭立江中，缭绕如垣墙。凡舟皆由此下至建康，故江左有变，必先固守石头，真控扼要地也。自新河入龙光门。"龙光门（今水西门）是南唐金陵城西南门，舟行一定要经过石头山下，所以守金陵一定要守住石头山。他离开时，九日即"移舟泊赏心亭下"，可知仍由龙光门出城。"十日早，出建康城，至石头，得便风，张帆而行。然港浅而狭，行亦甚缓。"入蜀系溯江而上，出水西门当从夹江南口入江为便捷，但其时也必须向北绕行，在石头山下出夹江北口，可见白鹭洲与江岸之间的夹江南段已不能通行。北行本是顺水，然而尽管顺风鼓帆，但"港浅而狭，行亦甚缓"，可见北段也有淤塞。想此时夹江南口既未堵死，水量亦甚小，主要靠秦淮河入江之水，所以时值初秋，已见浅狭。这与《景定建康志》中所说"今大江远石头，玄武湖涸为平田，青溪九曲仅存其一"正相符合。

《至正金陵新志》中说："蔡洲，今名蔡家沙，一名蔡家洲，在城西南十二里，周回五十五里，隔岸。吴时为客馆。""隔岸"两字至关重

《金陵古今图考》中的《南唐江宁府图》

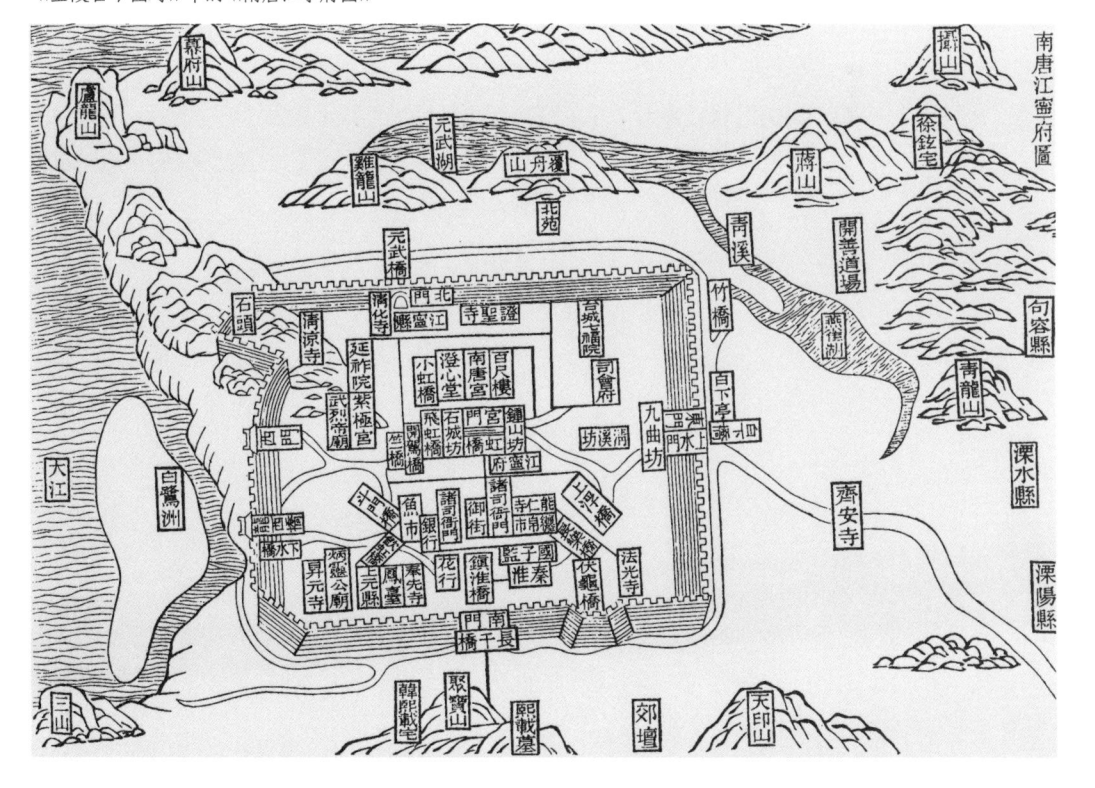

要,说明当时蔡洲与金陵城已成一水之隔的形势,与前人说蔡洲"在大江中"的描述,有明显区别。到了明万历年间,顾起元《客座赘语》卷十中考城内外诸水,说到"宋时,今水西、旱西二门外,似未有土地如今日广远,石城下即临江"。这"广远"的土地,即是与城一水之隔的蔡洲,明代长江已远至蔡洲之西,是江中洲渚与江岸相连的结果。

明洪武二十三年(1390)营建都城外郭,列出十五门,西南面由凤台门、安德门到驯象门止。第二年增为十六门,新增加的一个就是驯象门西北的江东门。洪武二十八年(1395)成书的《洪武京城图志》中,有一幅《京城山川图》,可以看到外郭十六门的情况,从西北的佛宁门到西南的驯象门,标示的都是"某某门",唯独江东门处标示的是"江东桥"。但该书《城门》一节中列出的"外城门"共十八个,除江东门外,另增加了小安德门和小驯象门。而在《桥梁》一节中,有江东桥,说明:"在今江东门外。"又有江东渡,说明:"在江东门外,旧名平家圩渡,今名江东渡。"江东门系后增建,门外有桥有渡,说明水网丰富。从明中期陈沂《金陵古今图考》中的《明都城图》还可以看出,江东门附近,上河、玉河、北河等都直逼外郭城下。明都城外郭在西北佛宁门到西南江东门之间没有围合,就是因为此两门都在江边,其间应即以长江为外郭。

直到明代中叶,人们仍可以在水西门上观赏白鹭洲景象。正德《江宁县志》卷六记载了几个当时的赏景胜处："赏心亭，在下水门城上，俯瞰秦淮，为金陵绝景处。""白鹭亭，西接赏心亭，下瞰白鹭洲。柱间有东坡留题。"苏东坡留题中有"却讶此洲名白鹭"之句。后王安石诗有"凄凉白鹭洲头月，曾照前朝玉树秋"之句。下水门即今水西门南侧西水关，由此亦可证明，水西门正当白鹭洲之东。此外又有二水亭："二水亭在下水门城上，下临秦淮，西面大江，与赏心亭相对。亭名取李白《凤凰台》诗。乾道五年（1169）留守史正志重建撰记。"陆游乾道六年《入蜀记》中叙水西门上三亭位置最明确："城上旧有赏心亭、白鹭亭，在门右，近又创二水亭在门左，诚为壮观。然赏心为二亭所蔽，颇失往日登望之胜。"

换个角度说：今天的外秦淮河东岸，就是当年的长江东岸。尽管外秦淮河西岸已成为一大片陆地，并被建设成河西新城，白鹭洲处于那一大片陆地之间，已经难以分辨。但是，准确地说，白鹭洲是与西边的蔡洲连成了一片，与当年的长江东岸之间，仍有外秦淮河相隔。

唐末五代，长江紧临城西，秦淮河仍宽达百米。金陵城垣的设计，在利用原有水道资源之外，也充分利用了自然丘陵资源，以有效避免水患。城西北角以石头山南麓岗阜为基础，西南角利用凤台山麓，东南角利用赤石矶。山丘不怕水蚀，同时也可以减少城砖用量，省工省费。

包入城内的"十里秦淮",徐知诰顺应自然地理条件,做了一个明智的城市规划,充分利用秦淮河的自然曲折,将东门、南门、龙光门三座城门设置在相应的空间节点上,使秦淮河不但成为金陵城中最重要的水源,也成为串联三门的便捷交通干道。古代城中道路宽度不过数米,二三十米的道路已很少,宽达百米的河道相当于现代城市中的快速路,对于战时军队的调动和物资转运都极为便利。

三座城门中,南门的位置,是最先确定的。因为徐知诰营建金陵城时,延用了六朝都城的南北中轴线。六朝御道和御道两侧成熟商市民居的延续,都决定了金陵城南门的位置不能轻易偏离这条轴线。

再看龙光门(今水西门)。金陵城西垣位置的决定因素,就是要利用长江为城壕。同时,长江又是北方和上游敌军入侵的通道,所以在秦淮河的入江口,必须设下水门,一方面保证河水顺利入江,一方面防备敌军沿秦淮河侵袭。龙光门必须设在下水门附近,以利防卫。又因为宫城的位置在秦淮河以北,所以龙光门也设在下水门以北,若在其南,军、政官员一进城就面临过河的问题。

东面城垣位置的择定,不像西面有长江限制,自由度大得多,之所以确定在这一线,如前所说,是为了利用赤石矶岗阜为城基。而东门的位置,同样不能不考虑六朝以来形成的东西主干道,位于宫城南门之南、秦淮中支北岸,由宫城南门向东,过东虹桥直达东门,向西过西虹桥，经冶山南侧，直达西门，即今白下路、建邺路一线。修路的代价远高于造门的代价。所以东门的位置，实际上是处于这条东西主干道东端与赤石矶北延线的交点上。同时，东门与龙光门之间，又形成了新的交通干道，即今建康路、三山街、昇州路，直达水西门。水西门长期占据着南京城东西主干道的端点地位，也是因为水西门外是重要的水运码头、商品集散地。这条主干道与南北主干道相交于三山街，三山街一带遂成为重要的交通枢纽、繁华的商业中心。北宋景祐年间将江宁府学迁至今夫子庙位置，同样是因为此处距三山街一箭之地，水陆交通都十分便捷。这两条主干道东端相交于大中桥西，形成一个尖角，今天在大中桥下仍可以看到。

《金陵古今图考》中的《宋建康府图》

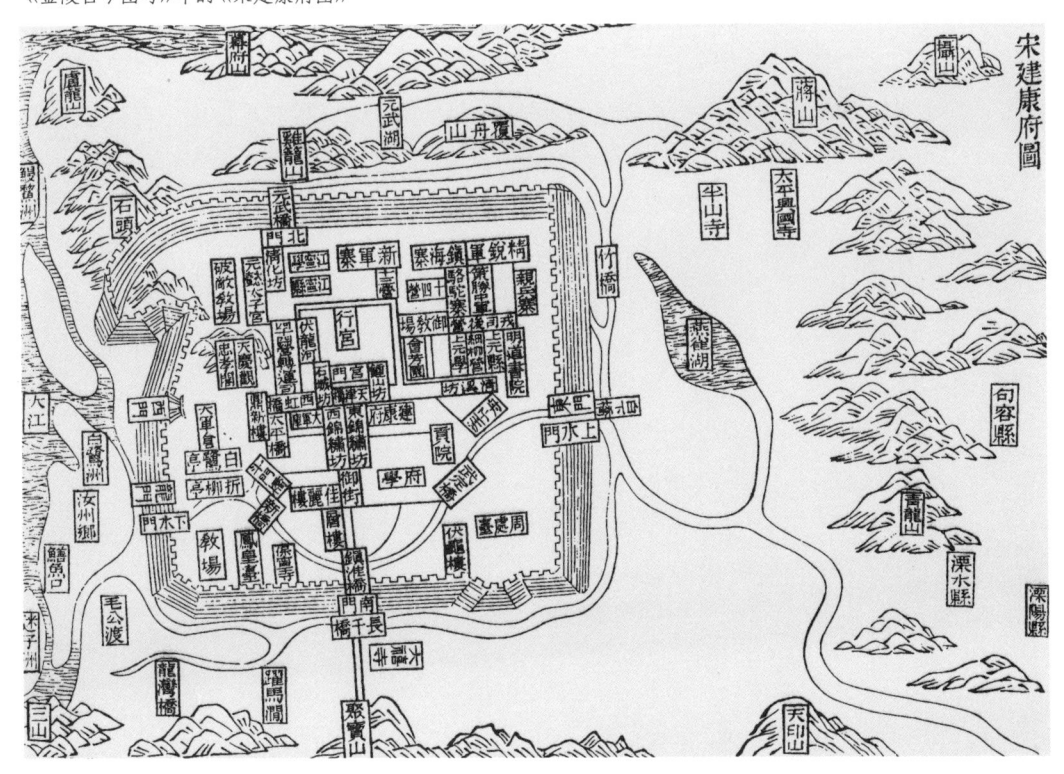

南唐宫城坐落在六朝时期御道上，以秦淮中支为南面城壕，原长七里的御道，就只剩下了三里左右，从宫城正门前虹桥（今内桥）南抵镇淮桥，也就是今天的中华路。过镇淮桥就是都城的南门了。这一轴线和格局，至今未变。像中华路这样，一千五百余年来，无论城市轮廓如何变迁，它的位置，尤其是南北交通干道的作用始终未改，在全国各大古都中，可能都要算少见的。南唐御道路面铺砖，两侧开排水边沟，并杂植槐、柳作为行道树，延续了六朝时道路绿化的传统。这些道路设施直到明代还保存着，《金陵古今图考》中说："内桥南直抵聚宝门大街，即当时御街也，按《志》：'宫前御街，傍夹大沟，杂植槐、柳，台省相望。'今沟犹存。"由西虹桥北行，经今木料市、大香炉、明瓦廊、糖坊桥、估衣廊，达北门桥，则是当时宫城西侧的南北干道。

这几条干道分划出都城的几大功能区。宫城是都城的中心，也是最重要的政治活动区。南北御街两侧，分布着诸司衙门。御街以东地区，与六朝时期一样，以官僚衙署和府第为主。江宁府学以南，今信府河、军师巷一带是国子监，成为都城的文教区。而御街以西地区则主要是居民区和商业、手工业区。东西干道东段，今白下路以北，有东宫和尚书省等中央行政管理机构。西段今建邺路以北，则是地方行政管理机构江宁县衙。

秦淮河水系就这样决定了城市的格局，并对其发展方向产生重要影响。

上水门的设置，是南唐建城时的一个重要举措，对秦淮河起到分流与管束的作用，一方面利于控制入城水量，以减轻水患；另一方面也为城外的护壕提供了水源。而到了战争时期，上水门又是防止敌军顺流直入城中的一道关口。

　　与下水门一样，上水门的位置应在东门的南侧。但如前文所说，此处娄湖水面广阔，城墙上倘留有这样大的敞口，自不利于防守。所以在修筑城墙的时候，必然要改变秦淮河的水道，强使其继续北行，转为这一段东墙外的城壕，直至上水门入城。今武定门至东水关一段城墙，因为建在原来的水域上，所以下部都用巨大青石砌成很高的基础，以防被水冲激侵蚀而毁坏。陆游《老学庵笔记》中说到金陵城"因江山为险固"，到南宋绍兴年间已二百余年，损坏还不到十分之一。无论是南唐始建还是经过明初改建，这一段城墙的坚固至今仍为人们所赞叹。

　　由此也就可以解释，为什么十里秦淮竟能弯折成那样一个"V"字形。

　　自然形成的河流，在地势平缓的情况下，很难形成锐角转折，秦淮河既已被确定不是人工运河，怎么会形成这样尖锐的曲折呢？是什么样的力量能使河水如此急剧地转向？对于这一点，人们却司空见惯，很少提出疑问。

　　我经过反复现场踏勘，并从相关文献中寻找线索，最后相信，这主要是大自然的力量，但也受到人类活动的一定影响。前文说到远古时期，秦淮河由东面浩浩荡荡而来，从赤石矶北端、今白鹭洲公园一带进入南京城区，继续西行，直抵凤台山下，因受到凤台山一线丘陵的阻挡，只能转而北行入江，凤台山下便已出现了一个弯折。在秦淮河河谷平原的淤积形成过程中，河水遇阻转折处的泥沙沉积量会更大，成陆会更快。秦淮河西二点五公里的东南——西北走向，由此成型。南唐建金陵城时，东面城垣对秦淮河水形成新的阻隔，迫使城外秦淮河北行由上水门入城，城内河道也相应向东北延伸。随着秦淮河东二点五公里北端的确定，其东北——西南走向也渐定型。

南唐时秦淮河仍宽达百米，流量甚大，所以最初上水门较宽。到北宋后期，因为极寒气候所导致的水位降低，也因为防守抵御北方侵略的需要，上水门遂被砌窄。这又加剧了城内秦淮河河道的萎缩。同样，围在城内的娄湖也是在这一时期大幅向北收缩，门东地区可以利用的土地随之增加。

除了都城城壕，南唐宫城四周亦有护壕，旧称护龙河。只是南唐宫城今已无迹可寻，明确的地标只有一个内桥，在南唐名虹桥，南北跨秦淮中支，正对宫城南门。因为秦淮中支是重要的交通运输水道，所以内桥被建成高大的拱桥，以便桥下航船通行。直到二十世纪八十年代，内桥上下的坡道仍很陡，近年来逐渐减坡，已较平缓。明万历年间《客座赘语》卷一记载南唐宫城方位及护龙河尚较明确："今内桥北，上元县、中兵马司、卢妃巷是其地，相传内桥为宫之正门所直。南宋行宫亦在此地，改内桥为天津桥。而桥北大街，东西相距数百步，有东虹、西虹二桥。东虹自上元县左，北达娃娃桥，有石嵌古河遗迹。西虹在卢妃巷大西，穿人家屋而北达园地，亦有石嵌河迹。土人言：此南唐护龙河者是也。自卢妃巷北，直走里许，又有一桥，亦名虹桥，而东虹、西虹两桥北达之水，环络交带，俱绾毂于此。想当日宫内小河四周相通，形迹显明，第近多湮塞，不复流贯尔。"上元县衙在今白下路西端、内桥东北，中兵马司即中城兵马司，在内桥北，卢妃巷即今洪武路南段，由此可知宫城的中轴线是内桥以北卢妃巷一线。南唐宫城城垣开东、南、西三门，无北门。宫城外四面有护龙河环绕，宫城内或亦有河道相通，其水源主要来自秦淮中支。南唐宫城南垣设定于此，可以肯定是为了利用秦淮中支为护龙河。

宫城以北的小虹桥，亦称飞虹桥、虹桥，跨北面护龙河，如今水道与桥梁完全湮没。小虹桥位于今户部街与洪武路相交处附近。旧有小虹桥路，南接卢妃巷、北接老王府（今洪武路北段），1929年拓并入洪武路。朱偰《金陵古迹名胜影集》中，尚有一张小虹桥的照片。

《金陵古迹图考》中的小虹桥旧影

东、西两面的护龙河，如今也只剩下了桥名。东虹桥，原内桥北大街东口之桥，即今四象桥，由此北向至娃娃桥，应即南唐东面护龙河水道走向，而娃娃桥很可能是宫城东门外的桥。西虹桥，原内桥北大街西口之桥，即今羊市桥，在鸽子桥北。二十世纪九十年代以来的城市建设中，在张府园一带多次发现南唐护龙河石驳岸遗迹，也证实了史料记载。

宋、元两代，都延用了南唐金陵城。然而，这一时期的自然气候条件，却造成了秦淮河水系的沧桑巨变。

七　沧桑巨变

今天的秦淮河，涓涓细流，令人难以想象它历史上的波澜壮阔。

秦淮河水域的大幅收窄发生在宋代，其原因是气候寒冷引发的严重枯水。根据有关专家的研究，1050年至1200年，中国处于历史上的气候寒冷期。北宋大观四年（1110）十二月二十日福建泉州大雪，政和元年（1111）太湖全部结冰。历史上，每当寒冷期替代温暖期，北方水草缺乏，就会出现游牧民族大规模向南方迁徙的情况。宋王朝立国未久，即接连遭受辽、金、元的侵袭，不得不退居江南，直至灭亡，很大程度上是受到这一因素影响。

宋、元时期，南京地区的最大变化，就是因气候寒冷引发的水系巨变。秦淮河变窄之外，玄武湖也因枯水而严重淤塞。《宋史·河渠志六》记载，早在天禧元年（1017），时任昇州（今南京）知府的丁谓就向皇帝上疏，报告玄武湖淤塞严重，并有化湖为田的情况："天禧元年，知昇州丁谓言：'城北有后湖，往时岁旱水竭，给为民田，凡七十六顷，出租钱数百万，荫溉之利遂废。今欲改田除租，迹旧制，复制岸畔，疏为塘陂以蓄水，使负郭无旱岁，广植蒲茭，养鱼鳖，纵贫民渔采。'"此前官府将湖田七十六顷租给百姓耕种，年收入租钱数百万。丁谓认为这样做"荫溉之利遂废"，湖水灌溉系统被破坏，是因小而失大，所以主张疏浚玄武湖蓄水救旱，贫民亦可得水产之利。

时隔六十年，北宋熙宁十年（1077），王安石再次罢相判江宁（今南京）知府时，上疏将玄武湖围湖造田，对此后城市生态造成长远影响。周应合《景定建康志》卷十八载有王安石《湖田疏》："臣蒙恩特判江宁军府，于去年十一月十一日到任，管当职事。当时集管当军民，宣布圣化，启迪皇风，终成一载。所幸四郊无垒，天下同文。然臣切见金陵山广地窄，人烟繁茂，为富者田连阡陌，为贫者无置锥之地。其北关外有湖二百余顷，古迹号为玄武之名，前代以为游玩之地，今则空贮波涛，守之无用。臣欲于内权开丁字河源，泄去余水，决沥微波，使贫困饥人，尽得螺蚌鱼虾之饶，此目下之利。水退之后，分济贫民，假以官牛、官种，又明年之计也。贫民得以春耕夏种，谷登之日，欲乞明敕所司，无以侵渔聚敛，只随其田土色高低，岁收水面钱，以供公使库之用，无令豪强大作侵占。车驾巡狩，复为湖面，则公私两便矣。伏望明降隆章，绥怀贫腐。奉敕：依。"这就是颇惹争议的《湖田疏》。只是周应合把王安石上疏的时间误为熙宁八年（1075）。王安石第一次知江宁府,是治平四年(1067)闰三月任命,同年九月即拜相,十月到东京。第二次是罢相知江宁府,熙宁七年(1074)有《观文殿学士知江宁府谢上表》,文中明确说"臣已于六月十五日到任讫"。第三次是再罢相后判江宁府,时在熙宁九年(1076)十月,十一月前知府叶均赴东京,王安石接任,与《湖田疏》所述正相符合。而且王安石前两次任职江宁,都是"知江宁府事",只有第三次,据《宋史·王安石传》载,是"罢为镇南军节度使、同平章事、判江宁府",也就是王安石所说的"特判江宁府事"。所以上《湖田疏》的时间,应该是熙宁十年(1077)。

宋神宗同意了王安石的办法,建康府因此得到二百余顷湖田,分给贫民耕种,解决了一时的"贫腐"问题,暂时减缓了社会危机,也增加了地方财政收入。南宋黄度有诗:"玄武湖中春草生,依稀想见竹篱城。后来万堞如云起,方恨图王事不成。""万骑连山噪虎熊,千艘激浪泣鱼龙。变迁陵谷有如此,应笑铜驼无定踪。"曾极有诗:"当日湖光澈镜心,龙旗凤吹此登临。而今铁马回旋地,斜照黄尘一尺深。"都是干涸玄武湖的写照。但牺牲自然生态环境的结果,是南宋以后不断遭受水患,到元代不得不退田还湖。

王安石的历史功过另作别论。值得探究的是:在没有现代排灌设施的情况下,人们是如何排出大量湖水、实现围湖造田的?

据专家研究,进入十一世纪,全国降水量有较大幅度的减少,北宋熙宁年间连续出现大面积的旱灾。在此情况下，玄武湖的淤塞必然更为严重，水面也会随之缩小，所以围湖造田成为可能。其做法是在湖边沿岸筑堤坝，阻隔周边之水入湖，而在湖中开十字河，使堤坝内的水都汇入河中，湖田便可以耕种。十字河口各设斗门，可以控制、调节水位，保证湖田的灌溉与排涝。我因在苏北洪泽湖畔插队时，参加过围湖造田的劳作，所以对此有所了解。玄武湖中的十字河，至少杨万里是见过的，他的《夏日杂兴》有句："独龙冈顶青千折，十字河头碧一痕。九郡报来都雨足，插秧收麦喜村村。"独龙冈时葬梁代高僧宝志，后朱元璋迁走宝志墓，建造明孝陵。与之相对应的十字河，只可能在玄武湖中。

　　玄武湖退田还湖后，湖中十字河即不可见，但从其功能分析，其中北、南流向的一条，是将河水引入青溪，成为杨吴城壕的水源，其南端很可能南接原潮沟（今进香河一线）。城壕固属城市防卫所必须，而这也补充了秦淮河的水量。东、西流向的一条，其东端需承接紫金山来水，西端很可能就是现在从中央路大树根水闸入城的河道，由此沿今金川河流域曲折入江。现存的金川河和进香河水道可以作为佐证。十字河两河相交，可以相互调节水量。河中水位也会随降雨量大小而变化，雨水多水位高时，近河的土地会被淹没一部分，所以王安石提出"随其田土色高低"征税，是合理的。

王安石围湖造田，是他依据当时现实情况做出的决策，此后的形势变化非其可预测。1200年至1350年，中国又进入了一个温暖期。南宋后期，气候已开始回暖，江南降水丰富，因为失去了玄武湖的蓄水调节作用，遂致南京城里常遭洪涝之害。到元代终于不得不疏浚恢复玄武湖。这要算元朝统治期间对南京城市发展最大的贡献，但湖面已大为缩小，大约只有六朝时期的三分之一。

可以作为对照的，是苏轼对于西湖的治理。元祐四年（1089），也就是王安石建议玄武湖围湖造田后的十四年，苏轼任杭州知州，同样面临了西湖的枯水淤塞，葑田已占西湖之半。他在次年上书朝廷，列举西湖不可废的五个理由，其中最能打动皇帝的一条，是西湖为江南运河水源，西湖涸则运河不畅，这是影响国家漕运的大事，所以宋哲宗批准疏浚西湖，采用以工代赈的方法募民浚河开湖。《宋史·河渠志六》载："知杭州苏轼浚茆山、盐桥二河，分受江潮及西湖水，造堰闸，以时启

《玄武湖志》图

闭……湖水多葑,自唐及钱氏后废而不理,至是葑积二十五万余丈,而水无几。运河失湖水之利,取给于江潮,潮水淤河,泛溢阛阓,三年一浚,为市井大患,故六井亦几废。轼既浚二河,复以余力全六井,民获其利。"六井保障了全城人的饮水质量。《宋史·河渠志七》载:"轼既开湖,因积葑草为堤,相去数里,横跨南、北两山,夹道植柳。林希榜曰'苏公堤'。行人便之,因为轼立祠堤上。"他用挖出的淤泥和葑草筑起了湖心苏堤,并修造六桥,给西湖增添了一道妩媚的风景线。所以杭州人会将此堤命名为苏堤,在苏堤南端建起苏轼纪念馆。相较而言,经历了围湖造田的玄武湖,所有历史景观损失殆尽。不同的施政思路,就是这样影响着自然生态和人文景观。

王安石奏请围玄武湖造田,本是明确的历史事实。然而近年来,不断有人否定这一事实,或猜测玄武湖并未被围垦,或质疑《景定建康志》所载王安石《湖田疏》是伪造。这其中的一个误区,就是不了解当时的历史背景,即北宋自熙宁年间开始,围湖造田、圩江造田成为一种风潮,而江南地区围湖造田的规模之大,远过于玄武湖者不胜枚举。

王安石固是玄武湖"废湖为田"的始作俑者,但废湖为田并不是王安石的发明。即以南京而言,春秋时期吴国就在固城湖西筑成周长四十里的相国圩。早期的圩田形式比较简单,就是筑堤挡水,到五代时已经有了成熟的技术,形成堤坝、门闸、河渠等配套设施。庆历三年（1043）范仲淹应宋仁宗要求上呈的《答手诏条陈十事》，提出十项改革主张，第六条《厚农桑》中强调农田水利建设，就说到当时圩田的规模之大："江南旧有圩田，每一圩方数十里，如大城，中有河渠，外有门闸，旱则开闸引江水之利，涝则闭闸拒江水之害，旱涝不及，为农美利。"到了北宋中期，气候寒冷干旱，江湖河塘水位较低，普遍发生淤塞。《文献通考》卷六载宋神宗熙宁元年（1068）中书上奏："诸州县古迹陂、塘，异时皆蓄水溉田，民利数倍。近岁多所湮废。"有诏："诸路监司访寻州县可兴复水利，如能设法劝诱兴修塘、堰、圩、堤，功利有实，当议旌宠。"已出现陂、塘"多所湮废"的情况。熙宁六年（1073）有诏："创水磴、碾碓，有妨灌溉民田者，以违制论，不以赦原。"同年，"沈括言：'浙西诸州水患，久不疏障堤防，川渎皆湮废之。乞下司农贷官钱募民兴役。'从之。"这些都说明因水道湮废受阻而出现问题，所以朝廷注重水利。熙宁七年（1074）王安石再度知江宁府时，"赐江宁府常平米五万石修水利"。

然而水道湮塞情况日甚一日。《宋史·河渠志六》载，大观二年（1108）八月诏："常、润岁旱河浅，留滞运船，监司督责浚治。"又记宣和年间，"淮南连岁旱，漕运不通，扬州尤甚"。作为宋王朝生命线的大运河都因干旱而不能维持通航，就南京而言，仅丹阳湖与固城湖之间围垦永丰圩（今属高淳）即得田近千顷。到南宋景定年间，上元、江宁县的围田各在二十万亩上下,玄武湖二百余顷折合二万余亩,只占其中很小比例。大面积圩田(也称围田)与沙田的出现,大大增加了粮食产量和税收,对于北宋后期以至南宋前期的经济,起到了重要的支撑作用。

江、淮地区长时期大面积干旱之际,正逢辽、金、元不断南侵,压迫宋王朝的生存空间,中原土地大片丧失,江南经济区的地位显得越来越重要,其粮食生产和税收就更是事关国家存亡。促进江南经济区的发展,势在必行,肥沃的圩田最易丰产受益,朝中大臣和地方官员以至军队、豪强皆倾力于此,也就是顺理成章的事。而因中原战乱逃往江南的平民百姓,正好充当这种围垦开发的劳动力。

玄武湖的淤塞,不是一个孤立的现象。宋代枯水期对于南京的另一个重要影响,是长江岸线的西移。李白诗中"二水中分白鹭洲"的景象,正是在这一时期消失的。白鹭洲与长江东岸之间的夹江,因为蔡洲南部与长江东岸相连,阻断了上游的江水,只有从下水门出城的秦淮河水流入,遂完全成为外秦淮河的入江水道。

从史籍中可以看到,长江中近岸的江心洲渚,在六朝时期已有开发利用,如东吴即在烈洲实行军垦,在蔡洲设置客馆。《景定建康志》卷十九载:"按《晋史》:王敦在石头,欲禁私伐蔡洲荻,以问群下。时王师新败,士气震惧,莫敢异议。温峤独曰:'中原有菽,庶民采之。

百姓不足,君孰与足?若禁人樵伐,未知其可。'"可见那时百姓已常上洲渚采伐芦荻。又引《南史》:"宋武帝微时,贫陋过甚,自往新洲伐荻。"又载:"槩洲,在城东北七十五里,周回三十八里。《南徐州记》云:'石垅山北江中有洲,今百姓于洲上槩种,所收倍于平陆。'"《南徐州记》是刘宋山谦之的著作,可见六朝时人已认识到洲土肥沃,利于种植。《六朝事迹编类》中说到梁武帝曾将长命洲作为放生地,并专门安排十户人家住在洲上,负责饲养放生的禽畜。《景定建康志》卷十九又载鄱阳浦:"在石城西,上通秦淮,下入马昂洲,九里达于江乘。梁鄱阳王尝于此置屯田,因以为名。"

隋、唐时期,秦淮河中下游居民已经相当密集,近岸洲渚的垦植开发,肯定更甚于前,而洲上居民也会达到一定数量。江岸与洲渚之间,平时须靠舟船交通,待到严重枯水之际,在夹江与洲渚间修筑堤坝就很容易。这堤坝又加剧了泥沙淤塞,就此永远阻断了夹江的上游来水。前文说到陆游《入蜀记》中的记载,也是重要的参照。

北宋初年,南京沿江见于史籍记载的沙洲,不过白鹭洲、张公洲、长命洲、加子洲、蔡洲、落星洲、烈洲等七个,而到了南宋后期,《景定建康志》卷十九列出仅金陵城西南一带的江心沙洲,已多达十八个,其中十四个为宋初以来新涨出的江心沙洲。有些沙洲列出了明确的形成时期,如簸枪洲:"在城西南三十五里,周回一十七里。南唐保大中治宫室，取材于上江，成巨筏至此，时会潮退，为浮沙所沫，涨成洲渚。国朝景德三年，南岸溃，出大枋木二十余条。"如迷子洲："在城西南四十里，周回三十里。（王荆公《次韵叶致远》诗：'迷子山前涨一洲，木人图志失编收。'）"这与秦淮河水道收窄恰在同一时间段。由此可见，北宋时期的寒冷气候，也导致了长江水域的重大改变。虽说沙洲形态会有变化，但那一时期的大趋势，是沙洲由少变多、由小变大，应无疑问。面积最大的蔡洲与长江东岸新林浦完全相连的时间，至迟在元末明初。原近岸夹江遂成为秦淮河主流入江水道，其水源一是东水关外城壕绕城而来，一是内秦淮河出西水关后汇入，北行至三汊河入江。今天的内、外秦淮河流域，至此形成。

此外，秦淮河尚有支流南河在大胜关入江、北河在北河口及小三汊河入江。1958年修筑堤防时，北河入江口被封。1979年开挖秦淮新河时，南河也被切断。秦淮新河成为新的入江口。

莫愁湖的形成，亦可作为江岸西移时段的旁证。莫愁湖确是因莫愁女的传说而得名，但若以为莫愁湖真是"六朝胜迹"，则肯定属于误会。只因早就有了"莫愁家住石城西"的名句，石城门（今汉西门）外新形成的湖泊，遂顺理成章地被叫成了莫愁湖。莫愁湖之名首次见于文献记载，已是明代中期，正德《江宁县志》卷二载："莫愁湖在县西，京城三山门外。莫愁，卢氏妓，时湖属其家，因名。今种芰荷，每风动，香闻数里。"湖的得名自应在入志之前，湖的形成更应在得名之前，说莫愁湖形成于元、明之际，当不会有太大的出入。至于明代初年，朱元璋与徐达在湖畔茶楼下棋，并为徐达建胜棋楼的传说，则只能姑妄听之。莫愁湖邻近的三山门（今水西门）、石城门（今汉西门），当时都是重要的交通节点，繁华商市，湖畔茶楼或有之，但胜棋楼云云，则可以肯定是徐氏后人为霸占莫愁湖编造出来的。

南唐兴建都城，将秦淮河下游包入城内，两岸居民区已相当密集。而城墙的建造，使得城市空间有了明确的限制，所以到北宋后期，因枯水空出的秦淮河两岸，很快被居民占据利用。据《宋史·河渠志》记载，乾道年间，建康守臣张孝祥曾向皇帝报告秦淮河发生水患的原因之一就是："居民填筑河岸，添造屋宇。"

清版画：《莫愁湖志》卷首图

居民在空出的河岸上建房，一方面要解决斜坡上的地基平整问题，一方面也要防备河中水位再次升高遭淹，所以多在河岸坡地上垒砌地基，以与岸边地面取平，或者在坡地上竖立木桩为支柱，在其上建房，有类于湘西的吊脚楼。这就形成了南京秦淮"河房"的两种主要建筑形式。功能决定形式，因为功能需要而产生的河房，以后成了秦淮河沿岸建筑的特色。河房前面街、后临水，有下达河面的阶梯，以便取水用水，也便于与河上的航船互动。上下通达，正是秦淮画舫繁华的重要因素。更有沿河人家，再向水面上修建凭水河厅、水亭、露台，桩基插入河中，导致河道的进一步淤塞。清人朱淮《秦淮竹枝词》中有两首诗描写沿河景象："沿河林立尽排桩，倒影参差间短长。难把画楼更仆数，翼分左右似回廊。""东关荡漾至西关，曲径周围逐节湾。十里河房千百户，隔墙人唱两三般。"如此得寸进尺，秦淮河最终失去了当年的壮阔气势。

八　明都水系新格局

　　明初定都南京，终洪武之世、耗全国之力建造起来的都城，"高坚甲于海内"，周长超过三十五千米，城内面积超过四十平方千米，是南唐旧城的两倍半，成为当时的"世界第一大城"。

　　然而，与城墙的雄伟壮丽同样引人注目的，是都城的格局极不规则，引发种种奇谈怪论，最神奇的说法是像朱元璋的脸。其实朱元璋是个讲究实用的人，明都城以不影响老城区居民安居乐业为基点，在南唐金陵城的东郊新建皇宫区，又在北郊开辟军事区。东面皇宫区虽呈规则的长方形，但区位选择仍受到秦淮河的直接影响。皇宫南垣没有与金陵城南垣平齐，大致在金陵城东门一线上，因为秦淮河自东向西而来，由东门南侧上水门入城，皇宫如果不打算跨河而建，就只有后退到秦淮河北岸。北面军事区，西边受限于外秦淮河，北边受限于江滩湿地，东边受限于玄武湖，形状更不规则。三块拼合，遂形成了明都城城墙的奇形怪状。

　　秦淮河再一次影响了南京的城市形态。

　　明初的都城建设，也致使城内城外的秦淮河水系随之发生相应的变化。

明都城大体延用了南唐金陵城西面和南面的城垣。西面城垣自西干长巷北行至汉西门、乌龙潭一段，依原南唐金陵城西垣走向扩建，但也稍有变化。因为宋、元时期江岸西移，外秦淮河水道相应缩窄，城墙与城壕之间的距离过远，所以明代城墙有向外移动以靠近城壕的迹象，以原金陵城西南角和东南角最为明显。到汉西门附近，因为要将乌龙潭、清凉山包在城内，顺外秦淮河东岸延展的新筑城墙又斜向西北，过清凉门、鬼脸城、定淮门直到狮子山下仪凤门。外秦淮河全线成为明都城西面城壕，绕过狮子山，经钟阜门、金川门至神策门的北面城垣，紧临长江，原本水网密集，稍经人工疏通即可串联成城壕，西接外秦淮河，东通玄武湖。城垣东北，自神策门到太平门一段，即以玄武湖为城壕。但玄武湖有一部分被包在了城内，即鸡鸣寺后的胥家大塘（今西家大塘）。太平门向东，环抱富贵山的一段城墙外，没有开挖城壕，传说是因为那一带山体被称为龙广山（民间称龙脖子），属于皇家"龙脉"，不能随便动土。自富贵山转南，则以琵琶湖、前湖、月牙湖等为东面城壕，至东水关外与外秦淮河相接。

　　新都城的东部皇宫区，正当古青溪流域。青溪虽在北宋枯水时期已渐湮废，但遗留下的水道沼泽仍多，南宋后期水源渐丰，经马光祖疏浚，又能贯通。而明初被隔在城墙外的琵琶湖、前湖、月牙湖，皆以钟山来水为源头，也都可纳入青溪水域。尤其是皇城北部宫城区所处的位置，还有一个燕雀湖。燕雀湖同样属于青溪流域，与现在城墙外的前湖原是有水道相连为一体的。六朝时期，位于钟山西北的玄武湖被称为后湖，位于钟山之南的便是前湖。因南朝梁时燕雀护昭明太子陵的传说，前湖又被称为燕雀湖或太子湖。

明都城东垣将前湖分隔为两部分，城外的部分成了城壕，城内的燕雀湖则被填平，建造皇宫。由此可以想见，月牙湖会成为窄长水面，也是因为被城墙所切割阻隔，其被隔在城内的水面，因无水源而涸废。六朝以来闻名遐迩的"九曲青溪"，至此大部消失，仅剩娃娃桥经升平桥、四象桥到淮青桥的一段。准确地说：青溪流域是在明初建都时期，才被完全改变的。

明初皇宫严格按照传统礼制规范建造，皇宫由内层的宫城和外层的皇城所组成。原金陵城东边的杨吴城壕，正好成了明皇城西边的护壕，可证皇城完全未进入老城区。

《洪武京城图志》中的《京城山川图》

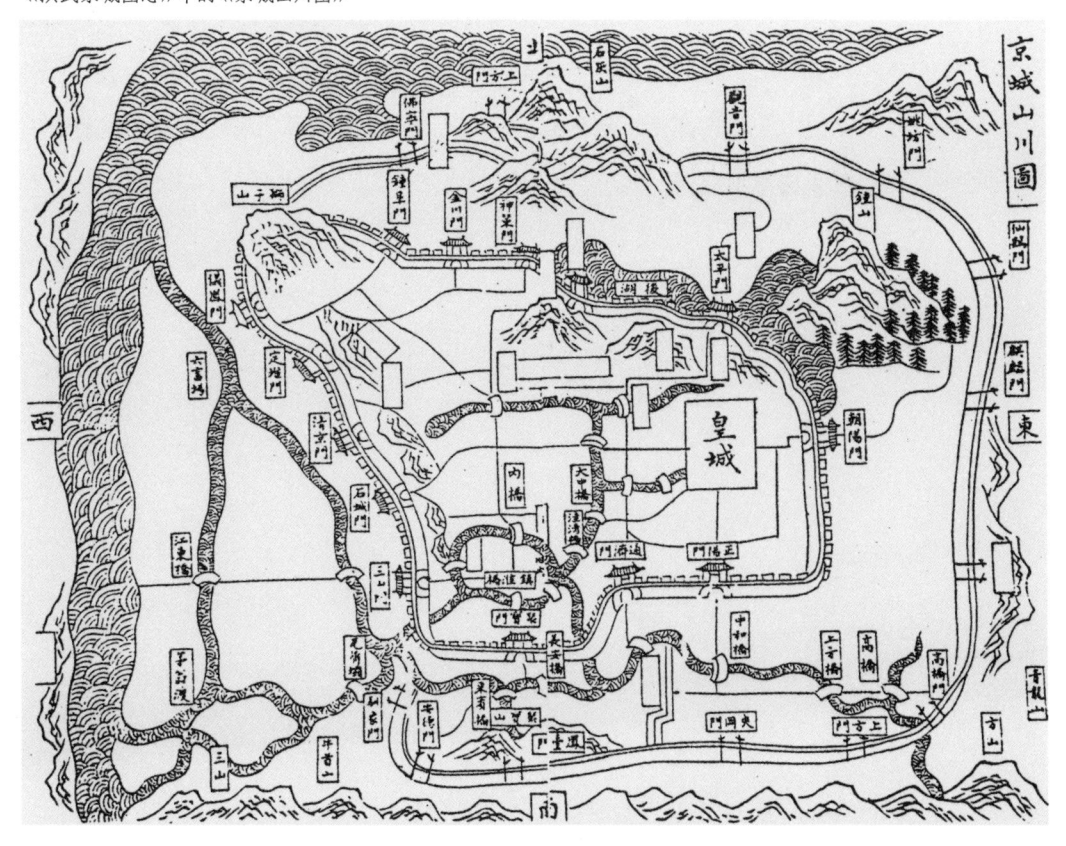

朱元璋填平燕雀湖建造皇宫，是因为他舍此别无选择。当时原金陵城中，民居商市密集，已没有适合建造皇宫的空旷地块。而金陵城外，南边中华门至雨花台丘陵区空间太小。西边外秦淮河，河西是形成未久的江洲湿地。北边亦濒临长江，倘敌军沿江来攻，更有皇宫首当其冲之虞。因此唯一可以选用的，就只有东郊了。当时的金陵城东郊，还是一片农田，居民稀少，从地形上看，北部的紫金山与玄武湖成为天然屏障，青溪、秦淮河既可解决供水需要，又可利用为城壕。皇宫建在这里，与西南的老城区、西北的军事区，交通联络都很方便。权衡利弊得失，朱元璋最终择定此地。然而，到了洪武中期，建于燕雀湖上的宫城区便出现地基沉陷的情况，使皇宫呈现前高后低的地势，被指为"后辈不如前辈"的征兆。

皇城南边护壕，自杨吴城壕棉鞋营段东行，经柏川桥、会通桥（今称会同桥）、大通桥（后称白虎桥）、外五龙桥、青龙桥，直达都城东城垣，现仍称明御河。皇城北边以富贵山、龙广山为"靠山"，没有开挖城壕。皇城东部，旧有水道自东安门流向厚载门（今后宰门），复由厚载门出皇城西墙，至竺桥入杨吴城壕，可以肯定是青溪遗迹。宫城四面的护壕，主要是利用了青溪的曲折故道，以人工运河相贯通，成四面环绕之势。现西面水系称为玉带河，北面与东面水系称青溪河，也都被归入秦淮河流域。

明初建都，将南京地区原有各水系串联贯通，以至后世难以分别。正德年间陈沂撰《金陵古今图考》，在《境内诸水图考》中就明确说道："国朝开御河、城壕，今诸水交错互流，支脉靡辨。"他根据历史文献，对各水系流域重行考辨："自方山之冈垄两涯北流，西入通济水门，南经武定、镇淮、饮虹三桥，又西出三山水门，沿石头以达于江者，秦淮之故道也。自太平城下，由潮沟南流入大内，又西出竹桥，入壕而绝，又自旧内旁周绕出淮青桥与秦淮合者，青溪所存之一曲也。自斗门桥西北经乾道、太平诸桥，东连内桥，西连武卫桥者，运渎之故道也。自北门桥东，南至于大中桥，截于通济城内，旁入秦淮，又自通济城外与秦淮分流，绕南经长干桥至于三山水门外，与秦淮复合者，杨吴之城壕也。自升平桥达于上元县后，至虹桥南接大市桥者，护龙河之遗迹也。自三山门外达于草鞋夹，经江东桥出大城港，与阴山运道合者，皆新开河也。东出青龙桥，西出白虎桥，至柏川桥入壕者，今大内之御河也。"其所说旧内，即明皇宫，护龙河即南唐宫城护龙河，当时只剩南面的秦淮中支。

《金陵古今图考》中的《境内诸水图》

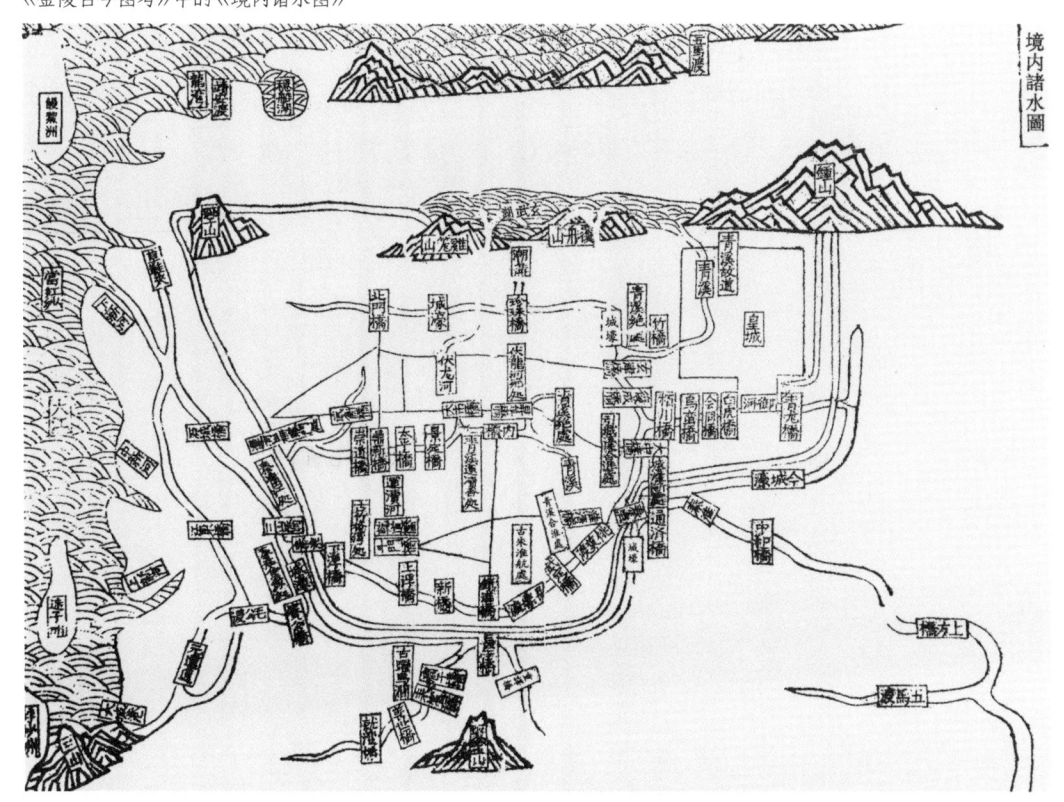

南唐建金陵城，秦淮中支是宫城区与市民区之间的界河。明初建都城后，秦淮中支成为城南与城北之间的自然分界。时至今日，南京人心目中的"老城南"，仍是秦淮中支以南的城区。

明代在城南赤石矶北麓新开小运河，经五板桥、观音桥、藏金桥、采蘩桥、小心桥，河畔半边营（今并入马道街）即因街南临河而得名。北过麦子桥进入长塘（今西石坝街），至桃叶渡金陵闸汇入秦淮河。

明初建都城引起的另一重大水系变化，是第一次将金川河流域包入城内。

讲到金川河，首先要说明的一点是：其水域出现甚早，但得名甚晚。一个普遍的误会，是认为明都城金川门因金川河而得名，其实恰恰相反，金川河是因金川门而得名的。其原因就在于：金川河不像秦淮河那样是一条稳定的河流，其流域几经变化，并曾一度消失。明代人眼中的金川河，肯定不是六朝时的样子，而今人看到的金川河，又已不同于清代。

按今人的说法，金川河流域有两个源头，一支是清凉山及其余脉五台山、小仓山北麓之水，由南向北汇成。清凉山虽然不高，但现代以来被作为南京城内的分水岭，其南水系归入秦淮河流域，其北水系则归入金川河流域。一支就是玄武湖水，由东向西汇入。玄武湖与金川河关系密切，今人常将六朝时期玄武湖的入江水道称为金川河，但是现在从中央路大树根水闸入城的河道，可以肯定不是六朝时的入江水道，而更可能是北宋王安石废湖为田之际所开十字河的遗迹。按现在的金川河流域看，这两条支流在三牌楼模范马路以北汇合，再北行从金川门西的水闸出城，由今宝塔桥河入江。

如前文所述，早在南京建城之初，秦淮河就与居民、城市建立了密切的关系，所以历代文献记载相当完整。然而，清凉山以北的水域，一则因为长期僻处城区之外，少有人关注，二则在北宋极寒枯水时期很可能湮塞干涸，所以竟久久没有被命名。

金川河水域最早出现是在距今二三万年以前，当时玄武湖和现金川河下游都还是秦淮河入江水道的一部分。但是到三千多年前，秦淮河在鸡笼山与覆舟山之间被阻断，金川河下游便成了玄武湖的入江水道。

从古代文献中看，最初得名的是金川河下游的靖安河，或称古漕河、运粮河，始见于南宋年间。《景定建康志》卷十九载："古漕河，一名靖安河，自靖安镇下缺口，取道入仪真新河，八十余里。"同书引南宋初年吴聿《靖安河记略》，叙长江南京至仪征一段波涛汹涌，而岸矶、江洲阻遏，更致"其势悍怒""自金陵抵白沙，其尤者为乐官山、李家漾，至急流浊港口，凡十有八处，称号老风波，而玩险阻者至是鲜不袖手。东南漕计，岁失于此者什一二"。损失高达十分之一以上，严重影响了北宋的漕粮运输。为解决这一问题，"宣和六年，发运使卢公访其利病，得古漕河于靖安镇之下缺口，谓其取径道于青沙之夹，趋北岸，穿坍月港、蹂港尾，越北小江，入仪真新河，以抵新城下。往来之人，高枕安流八十余里，以易大江百有五十里之险，实为万世之利。役之始兴，扬子、六合、上元分治其所临之地"。

《景定建康志》《沿江大阃所部图下》可见乐官山标示在卢龙山东北，李家漾在幕府山前江心洲。南宋吕本中有诗："李家漾南江漫流，幕阜山前春更愁。无人肯会西来意，且作小诗盟白鸥。"[《与诸弟诸李同登塔山愚壁以事不能来因成二绝》（其一）]青沙夹亦见于《沿江大阃所部图下》，在真州（今仪征）南江心洲上。白沙洲，《中国古今地名大辞典》介绍："在江苏仪征县南滨江。地多白沙。"时属扬子县。扬子县域内的长江古称扬子江，新城则指扬州新城。所以靖安河工程由扬子、六合、上元三县分担。

明末清初王翃《玉蝴蝶·大风，自京口抵白沙洲宿，晚发金陵》词下阕，描写了这一段江流的风险："汪洋。吴天无畔，高风惊羽，独走危樯。渊堕云升，壮怀竖坐啸奔光。绿初沉，树离京口，青渐远，山别维扬。势汤汤。大江东去，浪白尘黄。"宣和年间疏浚靖安河，转由江心洲之间的夹江穿行，避开风急浪险的长江主航道，保证了漕运的安全。当时并没有把它与现金川河上游水域相联系，很可能上游与下游水域就没有贯通。此后方志文献，直到嘉靖《南畿志》，都是只有靖安河，不见金

1963年南京道路水系图，金川河流域

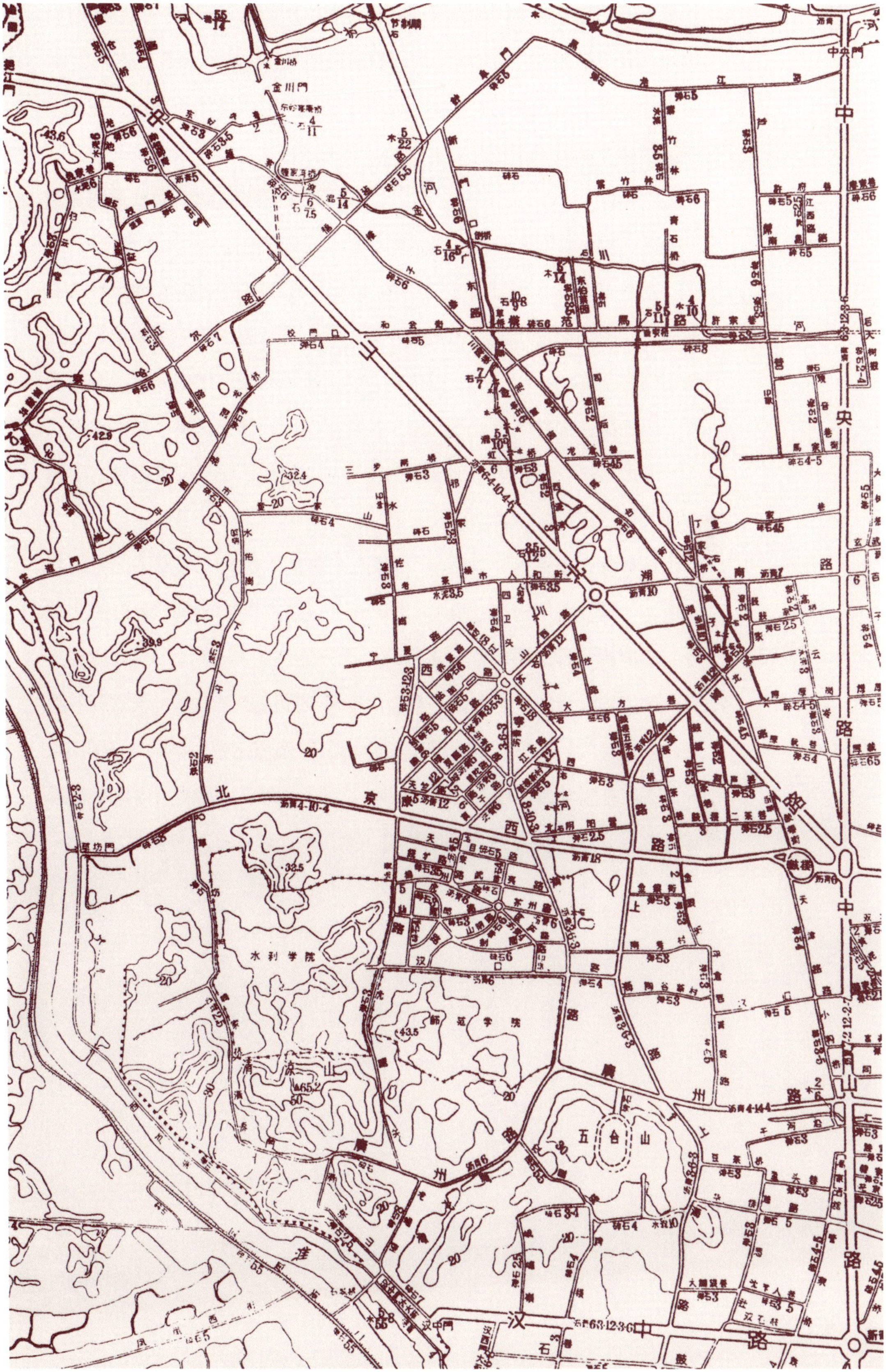

中央門
金川門
中央路
湖南路
北京西路
水利学院
清凉山
五台山
广州路
汉中路
汉中門

川河。但明都城城墙将金川河流域分为两部分,城内部分今称内金川河,城外部分今称金川河或外金川河。据蒋赞初先生《南京地名考略》介绍,靖安河下游在明初有过一次改道:"明代初年因该河冗长曲折,行舟不便,改在石灰山(今幕府山)西开辟新的入江口,即今宝塔桥河,又称'石灰山河'。"这一变化,应该是近岸江洲之间渐渐淤塞,致使原河道难以畅通,故不得不另辟新水道。所以这一段水道也被视为人工运河。

清代嘉庆《新修江宁府志》卷七,已将金川河上游水域归为靖安河支流,但仍无金川河之名。其称靖安河"支流自平桥下东南流,经外金川门有通江、临江、小复成诸桥,又流经内金川门之西入城,有大市桥、师子桥(在鼓楼北近三牌楼,接金川门闸,明初粮拨小船由此至北门,通大小锦衣仓、平仓)至北门桥入河,复迤西流至定淮门内之鹰扬营桥,又流经清凉寺后之西仓桥"。

该书称靖安河水"东南流",显然是将河水的流向弄反了,但是书中所述"靖安河支流",则明确地记载了金川河流域情况。大市桥,即金川门内桥,师子桥,即今湖南路、大方巷间的狮子桥。大小锦衣仓,所在丘陵称大仓山、小仓山。小仓山即袁枚建随园之山,大仓山声名不著,袁枚《戊子中秋记游》曾叙及,指其在随园之南,则即今五台山。平仓在南京大学西,今青岛路北尚有平仓巷,南京大学北园内原有东西向河道。北门,指南唐金陵城北门。北门桥,即珠江路杨吴城壕上桥,

"入河"即入杨吴城壕。其西向支流直至鹰扬营桥，即今北京西路与北阴阳营相交处的阴阳营桥，而北阴阳营即南京主城内重要的新石器时期遗址所在，所以常被人说成是位于金川河畔。西仓桥，当在大、小锦衣仓之西，今不详所在，然可肯定是在清凉山北，也即金川河源头之一。

《同治上江两县志》卷四记长江流域南京段，与此相类而解释稍详。1935年编撰的《首都志》中，水道部分内容多引旧志，仍无金川河之名。晚清及民国老地图上，或标此河下游为运粮河，或不标河名。我所见最早标明金川河的地图，是1963年5月南京城市建设局勘察测量大队编印的《南京市城区及近郊道路水系图》。

同样是为了保证漕运，洪武二十六年（1393）命崇山侯李新督工，在溧水城西开凿长约七点五千米的胭脂河，连接秦淮河与石臼湖，次年完成，沟通南京与两浙地区的漕运。胭脂河河道经过一条长约五千米、高近三十米的石冈，岩石坚硬，开凿十分困难，据说先用铁钎凿开石缝，嵌入麻丝，浇上桐油，点火焚烧，再以冷水浇泼，利用热胀冷缩原理使岩石断裂，撬开运走。工程艰险，不但耗资巨大，而且死人逾万。民工还巧妙地留下两处巨石连接两岸，成为天生桥奇观，至今仍为世人所惊叹。永乐迁都以后，漕运转由大运河北运，胭脂河逐渐湮废。1977年后，溧水区在天生桥南侧建套门一座调节河道水位，又疏浚相关水道，恢复季节性通航，改名为天生桥河。

九　当代治理与运河工程

清初以来,秦淮河流域湮塞日益严重,始终未能得到解决。同时长江上游毁林开荒,中下游围垦江滩造田,以致长江连年洪水泛滥,沿秦淮河水倒灌,城中积水更无法排出,而玄武湖面积缩小,缓冲功能减弱,南京城内、外水灾频发。姚鼐侄孙姚莹亲历道光末年南京大水灾,作《江宁府城水灾记》,统计自蜀汉延熙十四年(251)至康熙二年(1663)间见于记载的水患达八十五次,其中大水灾十七次。此后南京仍水患频发,仅道光三十年间即发生八次,其中二十八年(1848)、二十九年(1849)尤为大患:"道光二十八年七月霖雨……江宁被水尤甚。明年四月,莹至江宁,见城中门扉水迹三四尺不等,咸相告曰,某某市中以船行也。未几,闰四月,久雨不已,五月复大水,阛阓深六七尺,城内自山阜外鲜不乘船者。官署民舍胥在水中,舟行刺篙于人屋脊。野外田庐更不可问矣。人被淹且饥,死者无数,或夫妇相携投水中,或男妇老稚相结同死破屋。浮尸沿江而下,以诸省复被水且胜于前年也。"而且秦淮河实际上是城中污水排放的重要通道，水流不畅，必然造成严重污染，发生疫病。

直到中华人民共和国成立，政府才开始筹划全面治理秦淮河的工作。

南京市人民政府建设局1951年5月16日向市府呈交的《拟具初步整治秦淮河意见》中，根据1947年国民政府水利部示范工程处的测量成果，提出："在武定门外秦淮河（即护城河）建筑桥闸一座，上面为道路桥，下为五孔节制闸，以调节秦淮河水量（包括城区秦淮河），使终年保持相当深度，维持常川通航，兼资灌溉用水，江水洪涨时，则闭闸以防倒灌。另开辟引河一道，建筑船闸一座，以便通航。将来如航行频繁，一座船闸不敷应用时，则可在引河内添建船闸一列或两列。""为维持船闸下游，终年保持相当水深，可以供五十吨的船只经常通航，因此在武定门船闸下游到江口一段，必须加以浚深。"将运输干道与生活污水排放功能作为基点，该局1952年5月编制的《南京市整治秦淮河五年计划初步方案》中明确提出："秦淮河流域，幅员这样广阔，农产丰富，土地肥沃，因此它是具有繁荣农村的经济价值。而它的上游和太湖流域及水阳江流域，各河上游各源相距很近，如能相互沟通，对于这三个地区间的物资交流、繁荣经济，是有着重大的作用；同时南京东南方面，仅有公路与句容、溧水相接，运输能力有限，因此，整治秦淮河，以打通一个新的航线系统，在运输上具有重大意义。"因秦淮河每年一月到五月水位低落,航运停顿,外江船只不能进入市区,必须依赖公路运输,"所以生产成本增加,同时也影响了工商业的发展"。方案还具体计算出其航运方面的经济价值:"秦淮河的运输量,估计每天有三千吨物资可以上下交流,平均通航水程二百千米,每吨千米节省运费大米〇点六七斤计,每年可省运费大米一亿四千六百万斤。"因为当时人民币币值不稳,故以实物为计量标准。

1952年9月,南京市人民政府建设局编制《南京市城南区秦淮河整治计划的讨论》,分析当时内秦淮河污染情况:"城内河水略无流动,水中悬浮体易沉淀。加以数百年来居民习于用河水洗涤、倾倒粪便及垃圾,有机物就地腐化分解,沉积河底,积存淤泥估计约为二十万立方公尺至四十万立方公尺,且有一部分分解未完全,致在洁水流入时,立即变质。情况严重者(如中段及北段)水色灰黑,腐臭难闻。"在计算水量时不得不列入"人口及污水量"一项:"根据1947年城南区人口统计,城南区秦淮河流域面积为二十二平方千米,共六十一万五千人,平均每一万平方米二百八十人,其中最高人口密度为每一万平方米四百五十四人,约与目前情况相差不远。每人每日耗水量一百公升,污水产量为每人每日平均八十公升。每日最大污水量以三倍平均流量计。"而且"城南绝大部沟渠注入河内,污染河水。目前沟渠系统未臻完善,污水量估计不过〇点一每秒立方公尺,如充分发展,以每人每日污水量八十公升计,城南区污水流量可达一点四每秒立方公尺,故河水污染程度随沟渠的增加而日益严重"。文中也提到沿河安装截水管系统以分流污水的问题,"全长二万四千一百五十公尺,管径自十五公分到一百一十公分""全线共需抽水站七处,共一百四十六点五匹马力,出口流量为一点四每秒立方公尺",工程估价高达"二千四百四十二亿五千万元"(旧币,1953年以一万比一兑换新币),超过疏浚土方九十八万立方或改建桥梁二十座的费用,成为全部整治计划中预算费用最高的一个项目,所以根本就未能提上议事日程。

该文件《结语》中说:"本市城内秦淮河的整治,是多年来市政的中心课题。由于其与外河的水位关系,以及沟渠系统的紊乱,至今尚无结论。但其主要原因仍在于反动政权不关心人民疾苦,而没有决心从事这一市政设施。目前,国家经济情况已根本好转,秦淮河的整治已经是完全可能而(且)是急不暇待的。"然而,由于所需经费过高,这一计划1953年部分付诸实施。武定门节制闸1959年开始建设,次年建成。1962年兴建武定门翻水站,1969年才建成。

与此同时,金川河流域的整治工作也着手进行。据1994年版《南京水利志》记载,金川河在明初筑城时,"上游西段被城墙隔开,通过大树根水闸与玄武湖相通;下游受金川门城墙约束,水量大为减少。上游的南段只到北京西路和云南路口一带,下游从金川门西水洞出城,汇护城河、玄武湖来水,经长平桥、水关桥至宝塔桥附近入长江"。又说,"民国三十一年(1942),疏浚金川河,改建涵洞十一座,是年十二月,疏浚虹桥河,改建涵洞十二座。1958年城内干流截弯取直,自东瓜圃桥起向北至老城墙基段,废老河开新河……城外自老城墙基向北经安乐村至宁沪铁路涵洞,开新河"。可以说,金川河流域直至此时才算完全贯通,相对稳定。

现在的金川河流域,分为主流、老主流、中支、东支、西支、北支等水道,其复杂仍常令人困惑,兹分别稍做介绍。

中支,是金川河旧源头之一,现北阴阳营以上河道已完全湮没,但仍属水道最长的支流,自北京西路宁海路口过阴阳营桥、西桥、大方巷桥、陈家巷桥、山西路桥、山西新村桥、人和桥、中山北路桥、虹桥,汇西流湾来水,过新模范马路桥、三牌楼桥(斜桥)、草桥、倒桥,在邮电大学北侧汇入主流。大方巷、山西路一带河道已改为地下涵管。西桥因地处鼓楼之西而得名,1908年建,位于大方巷桥之南。人和桥在山西路广场西北人和街十三号旁,原无名,1961年改建钢筋水泥桥后命名。中山北路桥,1929年建。虹桥位于中山北路东侧、虹桥路中段,因拱桥形似彩虹而得名,其西有祁家桥、三步两桥。虹桥东南有西流湾,因水流向西北汇入金川河而得名,今建有西流湾公园。新模范马路桥在新模范马路西段，南京工业大学建筑学院北端，1977年新建。草桥在中山北路三牌楼东、新模范马路西端，据说南宋乾道年间翰林洪遵始建。倒桥旧名广和桥，因位于金川河南北、东西十字交叉处而得名，后因桥不牢固，屡次倒塌，被叫成倒桥。

东支，即玄武湖入江水道，自玄武湖经大树根闸入城，穿过中央路，一支经裴家桥、狮子桥至丁家桥，一支经童家巷至丁家桥，后北行经中大医院、过医平村桥、新模范马路桥，汇入主流，部分河道改为地下管道。裴家桥、狮子桥、丁家桥均仅剩路名。童家巷旧名三塘湾，因有三水塘相连，现巷南侧有支巷名塘湾。

西支，自虎踞北路回龙桥小学，经南师附中，过察哈尔路，绕省邮电管理局，穿过中山北路，经政治学院，至萨家湾汇入老主流，部分河道已改为地下涵管。回龙桥原在虎踞北路东侧，现已消失。回龙桥路西端即古晚市所在，旧或有水道连接外秦淮河。

北支，自后大树根穿过中央路，过芦席营桥（倪家桥）、许家桥，北行至紫竹林，过青石桥西行，过蔡家桥、倒桥、吴家桥入主流。

老主流自倒桥过西瓜圃桥、福建路桥、铁路桥、大石桥北行至金川门闸出城，汇入城壕。老主流经过的福建路桥，位于福建路西段。

1958年改道形成的主流，自倒桥西北折，经东瓜圃桥、福建路桥（福建路东段），北行出城，与城壕相交，继续北行，过长平桥、水关桥、二仙桥，沿回龙桥路北行，过宝塔桥入长江。东瓜圃桥即新民门外新民桥。二仙桥已消失，二仙桥路今称宝塔桥东街。回龙桥仅剩路名。宝塔桥，古名伏沉桥，因此处江岸时有坍塌，遂在西岸建宝塔以镇江水，桥亦改名。

金川河水系，今也全部归入秦淮河流域。

另外，1965年，为解决紫金山南麓排水问题，驻军与当地居民携手，将原排水沟开挖成新运河名友谊河，自美龄宫下南行，汇入秦淮河进入城区前的七桥瓮支流。

秦淮河上游、中游处于丘陵地区，少雨易旱，多雨易涝。遇暴雨来水迅猛，而下游河道浅窄，桥梁多，束水严重，更易泛滥成灾，受灾农田面积常达数十万亩。据统计，自1949年至1975年间，发生大水灾的有五年，一般性旱涝灾害的有九年。

1969年大洪水后，江苏省、南京市政府开始研究彻底解决秦淮河洪涝问题。1974年，江苏省水电局提交《秦淮河流域水利规划报告》，提出"开辟新河分洪八百立方米/秒，结合引江和发展航运"的设想，并制定东线、西线两个分洪方案。通过反复研究，经江苏省政府批准，采用了自江宁县东山镇（今江宁区东山街道）经雨花台区铁心桥、西善桥，穿沙洲圩，在大胜关北入江的西线方案。运河工程1975年底开工，历时四年，至1979年底竣工，次年一月正式通水，1985年10月船闸建成通航。秦淮新河全长十八千米，河面宽一百三十米至二百米，入江口水利枢纽，有节制闸、翻水站、船闸各一座。秦淮新河集泄洪、抗旱、通航为一体，进一步改善了秦淮河中、下游水利状况，并使因武定门节制闸造成的秦淮河断航历史得以改变，成为南京地区重要的内河入江口。沿途并建造公路桥十一座，铁路桥一座，以保证跨河交通。

2015年，南京市启动秦淮东河工程。据《秦淮东河工程规划方案》介绍，工程起点在秦淮河进入城区前的七桥瓮支流上坊门桥，东经运粮河，过江宁区麒麟街道后分为两支，一支汇入九乡河，一支汇入七乡河，自南向北经过栖霞区，分别由九乡河、七乡河入江口入江。河道总长五十三千米，主线长约三十三千米，其中拓浚河道约三十千米，新开运河约十九千米，穿山隧洞两处计四点六千米，河道宽六十米至一百二十米，配套建设九乡河、七乡河闸站等水利枢纽，设计分洪规模为三百立方米／秒。秦淮东河是中华人民共和国成立以来南京市规模最大、投资最多的水利工程，初步规划十年建成，届时将有效缓解南京主城和仙林、东山新市区的防洪压力。秦淮河入江口也将由两个增加到四个，北有三汊河、南有秦淮新河、东有九乡河和七乡河，犹如伸开的手掌，形成环绕主城的清水廊道，跨流域、双向调度水资源也更为便捷。

秦淮东河竣工后，九乡河及支流百水河、七乡河及支流便民河也进入秦淮河流域。九乡河古称江乘浦，源出江宁汤山青龙山一带，至栖霞石埠桥村入江，因流经琐石、东流、西流、麒麟、仙林、长林、衡阳、栖霞、石埠九乡而得名，全长二十三千米，又称琐石溪、运粮河。七乡河源出江宁汤山、孔山一线，经汤山、骆墅、孟塘、孟北、龙泉、东阳、三阳七乡入江，全长十八千米。

  秦始皇开掘秦淮河的神话，现在已没有什么人会相信。然而，天然河流秦淮河，确实不断得到人工运河的补充。正是这些造福民生、裨益城市的运河，使秦淮河与南京城、南京人的关系日益融洽。

  两千多年来，秦淮河不但与南京城市的建设发展息息相关，而且创造了璀璨的人文成就。

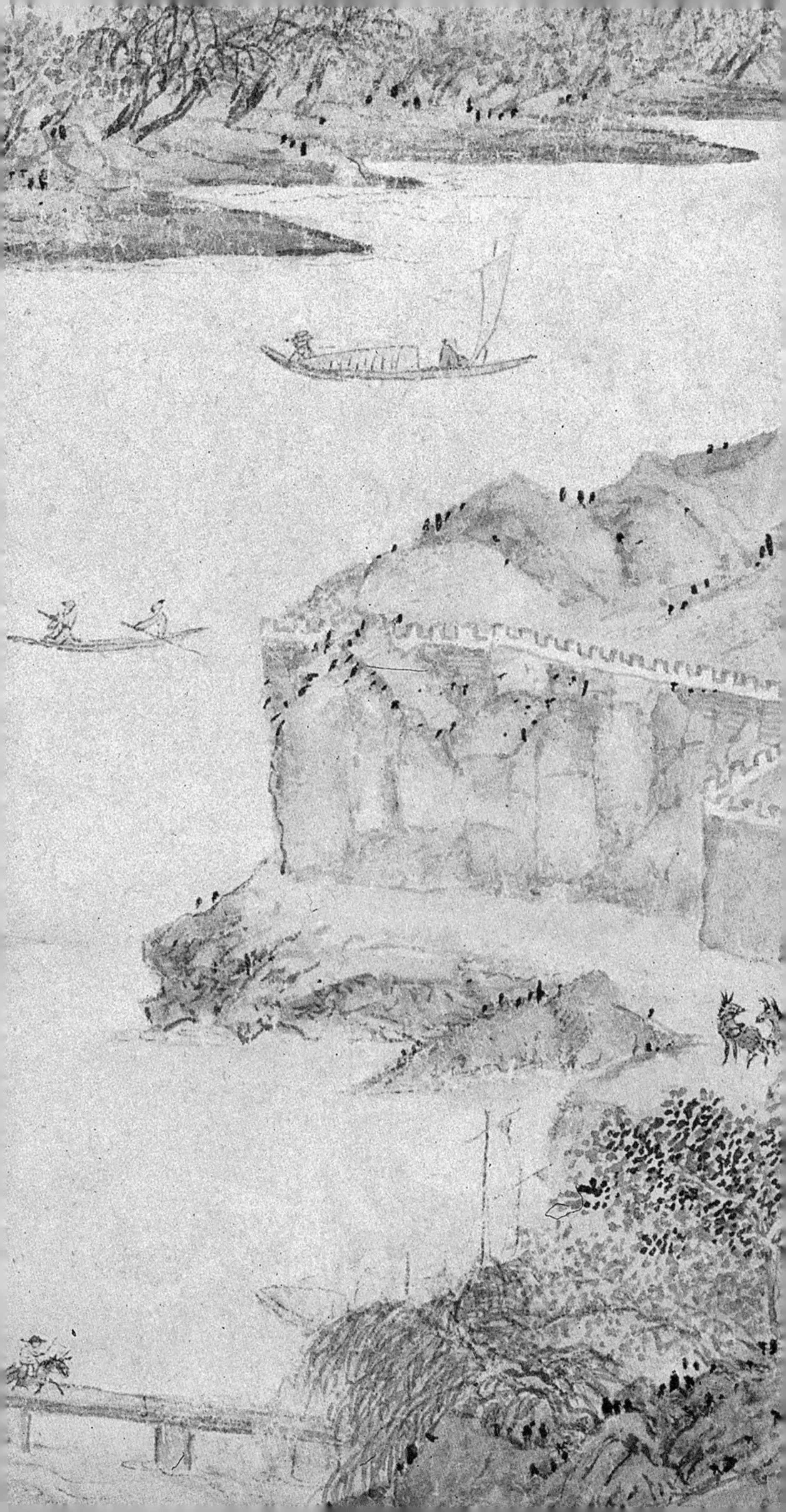

盤龍山
鷄籠山
覆舟山
楚金陵邑
石頭
吳冶城
大江
越長干城
長干山
□山

吳越楚地圖

鍾山

青龍山

固城

天目山

平陵縣

盧龍山
江乘縣
雞籠山
舟山
石頭
山
大江
越城
聚寶山

秦秣陵縣圖

鍾山

青龍山

天印山

幕府山
盧龍山
江乘縣
元武湖
鷄籠山
石頭
冶城
大江
白鷺洲
運瀆
元武門
苑城
太初宫
倉城
公車門
昇賢門
左掖門
宣陽門
大航門
栅塘
朱雀航
秦淮
建初寺
長干
大市
石子岡
聚寶山

孫吳都建業圖

攝山
蔣山
所覆

青溪
燕雀湖

青龍山

孟瀆
溧陽縣

湖熟縣
建
天印山

盧龍山
幕府山
江乘縣
元武湖
覆舟山
雞籠山
懷德縣
藥圃
興善寺
大夏門
元武門
廣莫門
延熹門
平昌門
建康宫
東掖門
大司馬門
石頭
冶城
西州城
西園
烏榜村
運瀆
竹格港
建康縣
陵陽門
宣陽門
開陽門
清明門
大江
白鷺洲
御街
朱雀門
朱雀航
建初寺
烏衣巷
王謝宅
新亭
石子岡
勞勞亭
秣陵縣
聚寶山

東晉都建康圖

古代地圖

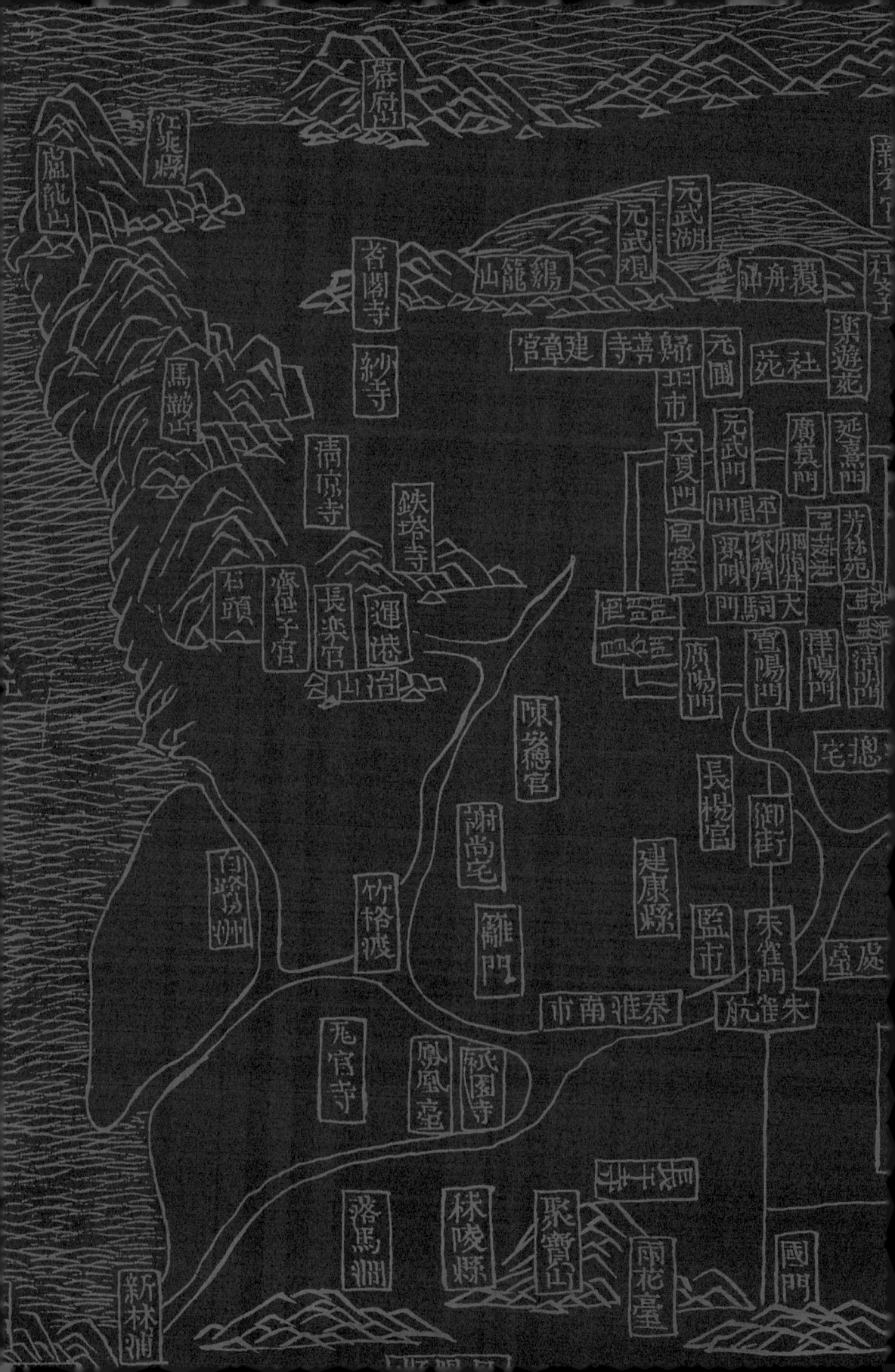

幕府山　　　　　　　　　　　　　　　　　　　　　　
江乘縣　　　　　　　　　　　　元武湖　　　　　　　　
盧龍山　　　　　　　　　　元武觀　　　　　仙舟觀
　　　　　　　　　雞籠山　　　　　　　　　　社稷
　　　　　　　蒼閣寺　　　　　　　　　　　　樂遊苑
　　　　　　　　　紗寺　　建章宮　歸善寺　元囿　花苑　延熹門
　　　　　　馬鞍山　　　　　　　　　　　　　　　廣莫門
　　　　　　　　　　　　　　　　歸善市　　元武門　芳林苑
　　　　　　　清原寺　　　　　　　　　　　　閶闔門
　　　　　　　　　　鐵塔寺　　　　　　大夏門　　　　　　宣陽大街
　　　　　石頭　　　　　　　　　　　　　　　　　　　　
　　　　　　　　　長樂宮　運瀆　　　　　　　廣陽門　宣陽門
　　　　　　　齊世子宮　　　　　　　　　　　　　　　
　　　　　　　　　　　　　　　　　　　　　　　　　　
　　　　　　　　　　　　　　　　陳慶德宮　　　　　　　　宅
　　　　　　　　　　　　　　　　　　　　　長楊宮　御街
　　　　　白塔場州　　　　　　謝尚宅　　　　　建康縣　　
　　　　　　　　　竹格渡　　　雛門　　　　　　　監市　朱雀門　臺處
　　　　　　　　　　　　　　　　　　　　　秦淮南市　　朱雀航
　　　　　　　　　　　　　　　　　　　　　　　　　　
　　　　　　　　　　　龍宮寺　祇園寺　　　　　　　　
　　　　　　　　　　　　　　　舞風臺　　　　　　　　
　　　　　　　　　　　　　　　　　　　　　　　　　　國門
　　　　　　　　　　　　　　秣陵縣　聚寶山　　　　
　　　　　　　　　　　　落馬澗　　　　　　雨花臺
　　　　　　新林浦

南朝都建康圖

蔣山
開善寺
臨沂縣
真郡
同真縣
青林苑
染北郊
沈約郊園
博望苑
金華宮
青溪
雀湖
冀洲
宋府城
未央宮
東冶亭
句容縣
檀城
青龍山
東城航
溧陽縣
五成渡
五城
洲三
天印
湖熟縣

古地圖：

攝山　群府山
　　　　　元武湖
　　　普閣寺　　舟山
　　　　　　雞龍山
清涼寺　鐵塔寺
　　　　　　　同胭脂井
石頭　蔣州　揚州治　泰寺 朝陽臺
　　　　　　　天朝故城
　　　十廟
　　　　　　　　　古御街
大江　白鷺洲　　　　　　臨
　　　　迎濟　　　　　　　　　
　　　　　竹格巷　　　　　　　渡淮
　　　尼庵寺　　朱雀橋
　　　　　飲虹橋　　　
　　　　　　　鳳臺　杙園寺
　　　新林
　　　　　　　　　　　　　三十
　　　　　　　　　聚寶山　雨花臺
江東

隋蔣州圖

摳山
蔣山
開善道場
青溪
燕雀湖
秦
青龍山
深水縣
天印山

幕府山
靖安鎮
盧龍山
元武湖
雞籠山
覆舟山
韓滉五城
石頭
清涼寺
鐵塔寺
湘宮寺
胭脂井
揚州都督
上元治城
昇州治
烏榜村
運瀆
李白酒樓
白鷺洲
竹格港
瓦棺寺
飲虹橋
朱雀橋
烏衣巷
鳳臺
上元縣
奉先寺
聚寶山
雨花臺
新林浦

唐昇州圖

攝山
蔣山
寶公院
青谿
白下亭
玄武湖
句容縣
秦淮
青龍山
玉城陂
溧水縣
東廬山
天印山

盧龍山 **幕府山**

雞籠山 **元武州** **覆舟山**

北苑

元武橋

北門 **澄聖寺** **至太平府**

清涼寺 **江寧縣** **陸市**

石門 **延祚院** **小虹橋** **南唐宮** **百八樓**

紫極宮 **迷心堂** **鍾山坊**

武烈帝店 **開錫橋** **飛虹橋** **石城坊** **官橋** **江寧府** **坊**

白鷺洲 **三里** **竺橋**

金用亭 **十三樓**

下水門 **魚市** **銀行** **諸軍衛** **能仁寺** **市**

麻市橋 **御街**

八江 **炳火公廟** **昇元縣** **鳳堂** **奉苑寺** **花行** **錦淮橋** **淮泰** **國子監** **伏龜樓**

南門

長千橋

聚寶山 **戲臺**
磁磯山

南唐江寧府圖

蔣山　　　　　　　　　　橘山
　　　　　　　　　徐鉉宅
　　開善道場
青溪
竹橋
　　　龍雀洲
白下亭
　　　　　　　　　句容縣
瓦
官　　　　　　　　青龍山
寺
　　　齊安寺　　　　溧水縣
　　　　　　　　　　　溧陽縣

郊壇　　天印山

盧龍山
元武湖
雞籠山
覆舟山
元武橋門
石頭
清化坊
江寧縣
新軍寨
鎮海寨
十四營
破敵教場
天慶觀
忠孝閣
行宮
伏龍河
宮門
御教場
建康府
貢院
白鷺洲
大江
下水門
折柳亭
白鷺亭
新橋
府學
譙樓
教場
鳳皇臺
保寧寺
鎮淮橋
南門
長干橋
毛公渡
躍馬澗
聚寶山

宋建康府圖

鍾山
太平興國寺
半山寺
竹橋
燕雀湖
句容縣
青龍山
溧水縣
天印

幕府山
盧龍山
元武湖
雞籠山
元武橋
北門
石頭
法宝寺
鉄塔寺
故宮
上元縣
行臺
狀元坊
御街
下水門
竹街
秦淮
南門
長干橋
江寧縣
聚宝山

元集慶路圖

掘山
蔣山
興國寺
竹橋
熊雀湖
句容縣
青龍山
溧水州
天印山

盧龍山
幕府山
金川門
神策門
北城
三宿岩
三叉河
石頭城
烏龍潭
鐘樓
鼓樓
北門橋
永慶寺
干河
中城
上元縣
石城門
石城橋
三山門
西院
江東門
毛公渡
沙洲圩
大勝關
賽虹橋
上浮橋
下浮橋
鐵作坊
江寧縣
飲虹橋
鎮淮橋
聚寶門
聚寶橋
周處臺
雨花臺
鳳臺門
安德門
應天府
內橋
會同橋
笪橋
羊市橋
望仙橋

明都城圖

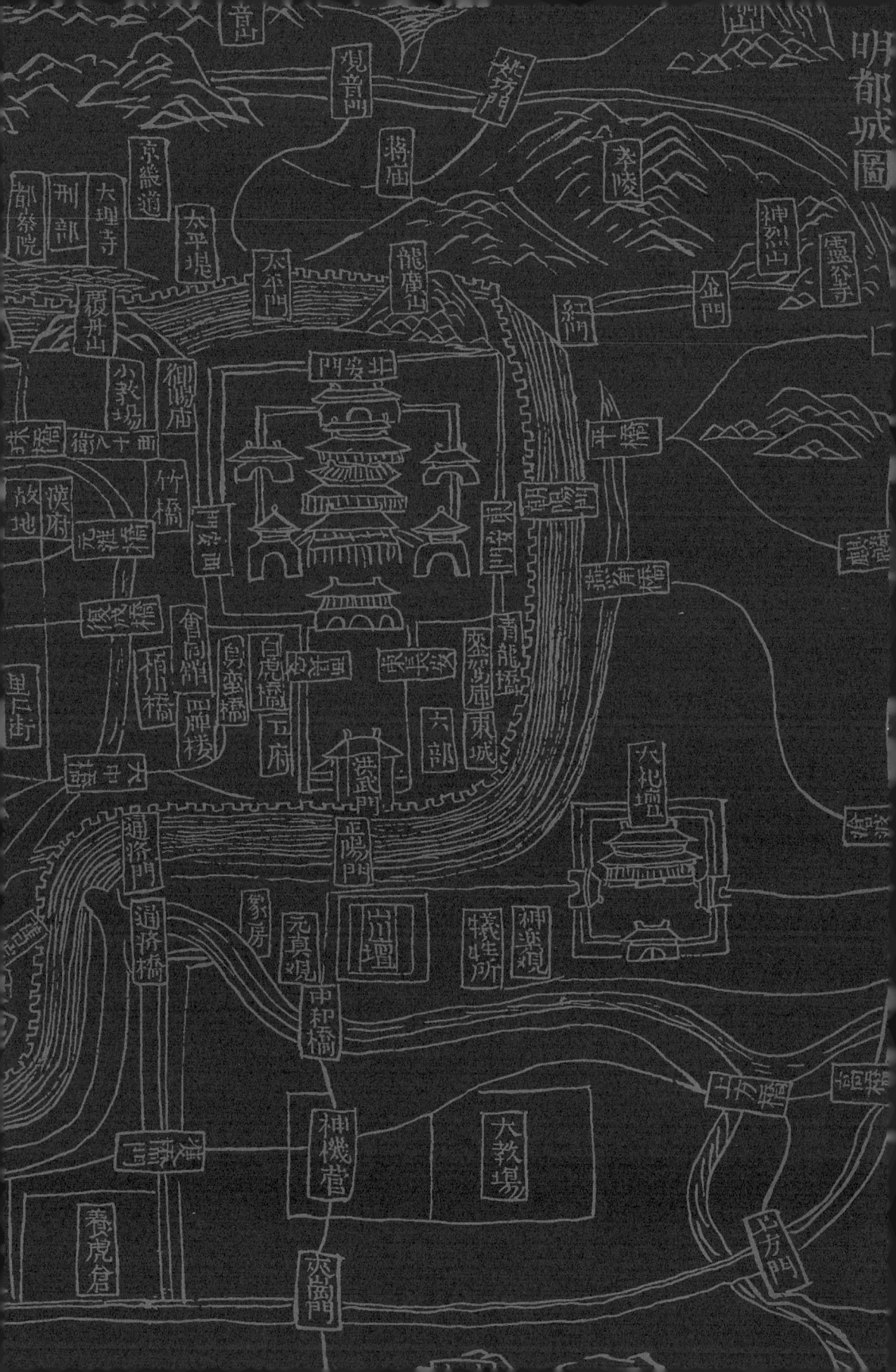

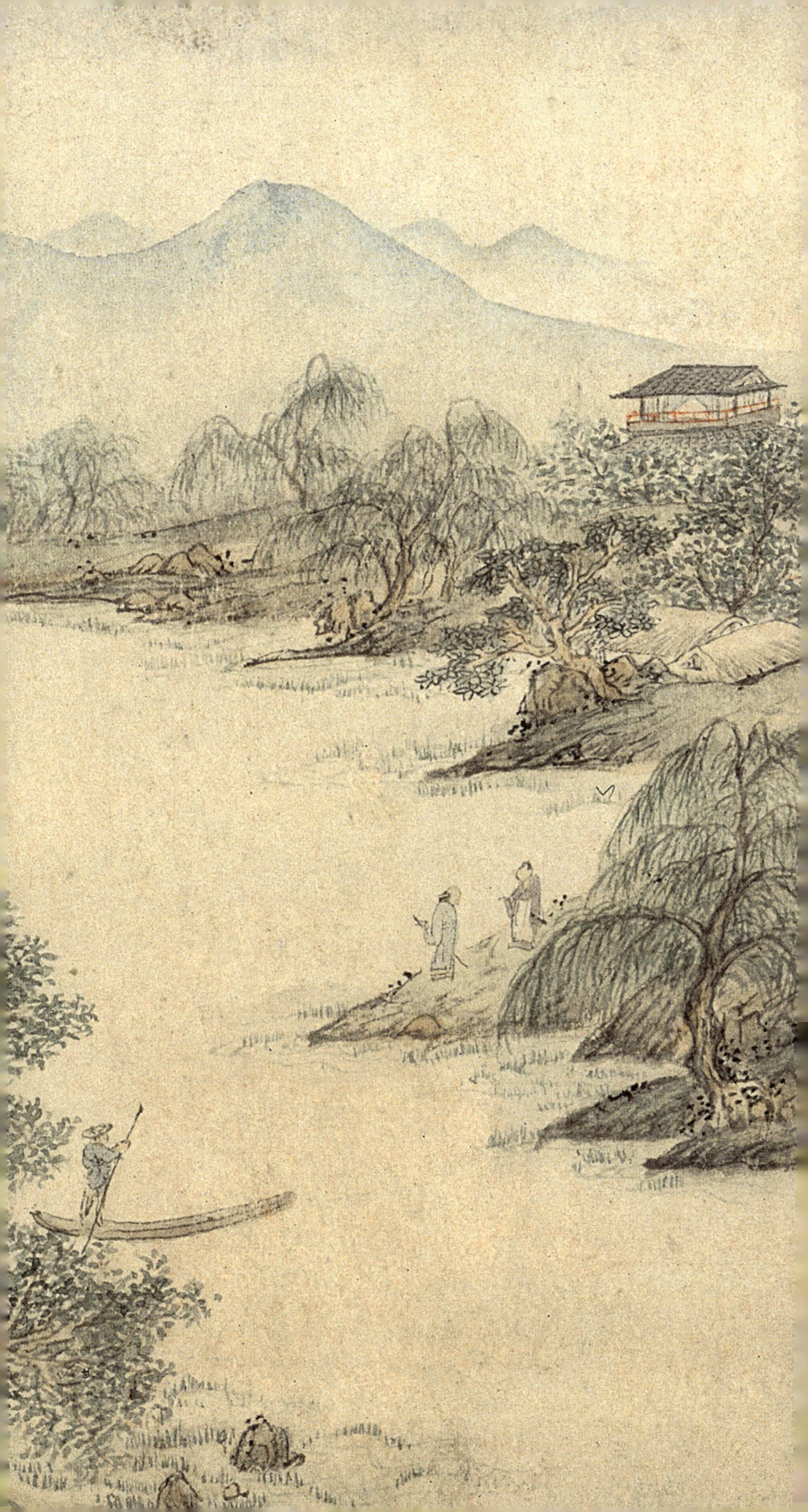

下·文脉篇

一　江淮兴会长干里

以秦淮河作为南京的文化符号，最贴切的寓意，就是它奔流不息，从未间断。

这座城市，也是一样。

南京号称"六朝古都""十朝都会"，作为一国之都城，无疑是南京的高光时期。除了太平天国，可以说每一个建都时期，都不同程度地促进了城市的快速发展。虽然，南京建都史加起来不足四百五十年，且被分隔为六段，但前后跨度之大，非其他古都可比。自东吴肇建，到辛亥定都，一千七八百年间，每隔几百年就有新朝代在南京崛起，体现出一种顽强的生命力，或者说再生能力。在历史长河中，像南京这样能够不断复兴的都市，很难找到与之相类的。

在广袤的中华国土上，南京这个城市一次又一次被选中，不会是偶然的。究其原因，是这座城市强盛的经济、文化内生力量。

每一次的改朝换代，消亡的只是某一个王朝，失去都城地位的南京并未陪葬。这座城市仍在。这座城市依然会沿着自己的成长规律前行，其地位并没有如某些人悲观形容的"一落千丈"，其空间也没有像某些人夸张描绘的"平荡耕垦"。南京不是沙漠里的季节河。南京地区的经济与文化，一脉相承，持续发展，虽稍有迟缓，却不曾间断。"林无静树，川无停流。"就像秦淮河，不分昼夜地流淌让人司空见惯，偶有华贵楼船停泊在岸，一时吸引普天下的目光。楼船离开后，秦淮河依然故我，川流不息。正因如此，才会有新的楼船又来停泊。

同样的道理，正是因为南京经济、文化持续发展的成就，能够满足建都立国的需要，历代王朝才会一次又一次选择南京。

南京的经济繁荣，与秦淮河息息相关。早期城市繁华的地标，就是位于秦淮河入江口的长干里。

长干这个地名，最早见于文献记载，是在西晋诗人左思的《吴都赋》中："横塘查下，邑屋隆夸，长干延属，飞甍舛互。"左思的同时代人刘渊林为《吴都赋》作注："横塘、查下，皆百姓所居之区名。江东谓山冈间为干，建邺之南有山，其间平地，吏民居之，故号为干，中有大长干、小长干，皆相属。疑是居称干也。"他说长干这个地名源出江东方言，以山间平地为干。他也怀疑江东人是不是将居处称为干。简而言之，长干里居民竞作奢华房舍，邑屋相连，栋宇交互。

《吴都赋》是《三都赋》中的一篇，虽然写成于西晋，但作者意图表现的是东吴都城建业。其时东吴灭亡未久，而西晋为期短暂，可以肯定文中的城市风貌形成于东吴时期。左思在《三都赋》的序言中，宣示了自己对真实的追求："美物者贵依其本，赞事者宜本其实。匪本匪实，览者奚信？"赞美事物不据实而言，怎么能取信于读者呢？《吴都赋》中最可贵的部分，便是浓墨重彩地描绘出长干里居民商业区的繁荣昌盛。因为对建业宫城状况的描写，我们从其他文献中尚可以看到，而对于居民商业区，同时代的文献记载实在太少。

　　接着来看《吴都赋》。"其居则有高门鼎贵，魁岸豪杰，虞、魏之昆，顾、陆之裔"，居住在长干里的多是世家大族，豪门贵胄，世代相续，门前"跃马叠迹，朱轮累辙"，即如今人常说的车水马龙。这些家族都有自己的武装，史称部曲，庭院内设着兵器架，出行时冠盖如云，填街塞巷。他们的邻里中，不乏侠士豪客，成群结队，斗酒赌博，酣醉闹事。因为是帝都，四方人士都向往而来，"水浮陆行，方舟结驷"，水上舟船相并，陆上马队相连，船歌车声，从早至晚不息。

　　长干里更是财源茂盛的商业贸易中心。

　　《吴都赋》中描写长干里商区早朝开市，广收普纳，百货川流不息，盈溢于市。市场中心的空地成为商品集散处，都城与边鄙的商人都在这里交易，围观等待的顾客有男有女。驮运货物的马队在市中缓缓穿行，

《金陵四十八景》中的《秦淮渔唱》

秦淮漁唱

在府城東南二里秦時來有城垣此處大江可運糧草考之詩曰桃葉復桃葉渡江不用楫即可澄其地也其水之源有二一出自句容華山一出自溧水東山

满载货物的楼船挂着风帆经过店肆。从平常的水果、纻布,到远方的琉璃、美玉,各种器物,纷至沓来,大量黄金、珠玉、象牙、珍宝,不胜枚举。各地方言,交杂喧哗。商市中的人多到这样的程度,众人一起挥袖,带起的大风能扬尘蔽日,众人流下的汗水,像下雨一样让道路变得泥泞。善于经营的大商人,选准货物,贱买贵卖,财富巨万,以雄厚的实力占领市场和商铺,过着锦衣玉食的奢华生活。

可以与此相印证的,是《世说新语·任诞》中的一个故事:"祖车骑过江时,公私俭薄,无好服玩。王、庾诸公共就祖,忽见裘袍重叠,珍饰盈列。诸公怪问之,祖曰:'昨夜复南塘一出。'祖于时恒自使健儿鼓行劫钞,在事之人亦容而不问。"祖车骑就是以"闻鸡起舞"出名的祖逖,他在西晋末年率众到江南投奔琅琊王司马睿,竟公然纵容部下兵卒一再到南塘抢掠。而王导、庾亮这些当政的人,因为要利用他的军事力量,知道了也不过问。东晋建都之前南塘的繁荣程度,由此可见一斑,显然并未因东吴的灭亡而衰退。

南塘即横塘。唐人丁仙芝《江南曲五首》之二:"发向横塘口,船开值急流。知郎旧时意,且请拢船头。"前文说过,秦淮河入江处因白鹭洲形成夹江,有南、北两个入江口,南端入江口被称为横塘口,可证"横塘查下,邑屋隆夸"的横塘,正在长干里近江一带,因其位于秦淮河南岸,故亦称南塘。长江在这一段的流向是自南向北,出横塘口进入长江干流即是逆水而行,所以"船开值急流"。

左思时时不忘强调长干里人濒水而居，商市临水而兴，可见他确实把握住了吴都江南水乡的特点。在蒸汽机车进入中国之前，船舶是最重要的交通和运载工具。古代的中国城市都是傍水而建，饮水、用水有保障之外，便是出于交通上的考虑。所以，秦淮河入江口的长干里首先成为商业和经济中心，也就不奇怪了。"泛舟航于彭蠡，浑万舟而既同。弘舸连舳，巨槛接舻。飞云盖海，制非常模，叠华楼而岛峙，时仿佛于方壶。比鹢首之有裕，迈馀皇（余皇）于往初。"东吴时的造船技术已经相当发达，长干里人不仅迎候天下贾客，而且驾船远出经商，沿江上下，甚至扬帆出海。

如此繁华的长干里，与其说是东吴建都五十年间发展而成，我更相信是在越城建城后七百年间所形成，甚或可以说肇端于一千三四百年前湖熟人在越台建造环壕聚落。长干里这种商业中心和交通枢纽的存在，无疑是东吴都城建设的重要基础，也是影响孙策、孙权兄弟选定都城的重要因素。

在东吴文献中，没有见到长干里这个地名，但是有明确记载，孙权已在凤台山麓设立大市。《太平御览》卷八二七引《丹阳记》："京师四市，建康大市，孙权所立；建康东市，同时立；建康北市，永安中立；秣陵斗场市，隆安中发乐营人交易，因成市也。"四市之中，前三个都是东吴时所立，而以大市为最大。市场是经济发展到一定阶段的产物，所以孙权的"立"，应该是建立便于管理和征税的规范化市场，管理官员有司市中郎将和市令、市吏等。凤台山麓大市所管理的，无疑正是长干里商业区。前文说过，东吴开凿运渎，就是为了便于将长干里商业区的物资运往宫城。

长干里和大市的位置，都在越城与凤台山之间。《建康实录》卷二记载："小长干在瓦官南，巷西头出江也。"瓦官寺初建于凤台山东麓。六朝时的长江江岸距凤台山西麓不远，小长干巷的出江之处，正在横塘口一带，是外地客商沿江而下抵达建业的第一个港口，同时也是长干里人溯江而上、越江而北的起点。由此沿夹江顺流北行，转入秦淮河，经运渎可直达宫城，水上交通最为安全便捷。也可直达石头城，进入长江干流，东行至京口可转入南运河，通往江南腹地。商民选择此地作为居住地与商品集散地，自是顺理成章的事情。

"小长干接大长干"，也就是"长干延属"的意思。大长干的地标是始建于东晋的长干寺，亦称大长干寺，各书记载无异。长干寺屡毁屡建，寺名亦屡更易，但基址未变，即宋代天禧寺、明代大报恩寺所在，北接赤石矶，南近雨花台。这一带地形开阔，很可能就是因为有这"大长干"做比较，凤台山与越城之间的长干里才被叫成了"小长干"。

东晋以后新兴的商市区东长干，位于凤台山东麓，并随运渎陆续向东北延伸。唐丁仙芝《江南曲五首》之一："长干斜路北，近浦是儿家。有意来相访，明朝出浣纱。""长干斜路北，近浦是儿家"一句，形象地描绘出这一区位特征。南京居民区的发展,原本存在着自南向北推进的趋势,东吴定都后,政治中心的吸引形成强大向心力,加剧着这一趋势。作为南北转运干道的运渎沿线,遂因巨大的物资流通而形成新的商业区,使长干里商业区跨越秦淮河,不断向北、向东拓展。《景定建康志》卷十六引《宫苑记》:"宋武帝永初中立北市,在大夏门外归善寺前。宋又立南市,在三桥篱门外斗场村内,亦名东市。又有小市、牛马市、谷市、蚬市、纱市等一十所,皆边淮列肆禆贩焉。""边淮列肆禆贩",说得十分明确,除纱市、苑市等少数几处外,盐市、银行、花行、鸡行、笪桥市、清化市等,都位于秦淮河两岸,且主要集中在镇淮桥以西至入江口一段,即今人所说的门西地区。《至正金陵新志》卷四引《南史·徐度传》,也明确说梁末陈初"六朝市廛,多在淮水北、冶城东"。与此相应,居民里坊也以这一区域最为密集。

总而言之,经过东吴五十年的经营,建业城已成为江南最大的城市,在两晋、南朝更是得到长足的发展,长干里成为盛极一时的商业、手工业中心。《殷芸小说》中那个"腰缠十万贯,骑鹤上扬州"的故事,说的正是建康(今南京)。建康的西州城、东府城,都是扬州的州治。有文献记载,梁武帝时,建康户籍达二十八万户,算来该有百余万人口,是当之无愧的世界第一大都市。其经济繁盛此时未能引人注目,主要原因是建康作为都城,政治中心的地位更为人所重视。

隋、唐两代，在行政上对南京的地位大加贬抑，王朝帝都的辉光完全消失。然而，六朝时期奠定的厚实经济、文化基础，绝非简单的行政命令所能消解，长干里的繁华并未因行政地位的下降而衰落。

凭借优越的自然地理条件和原有的经济基础，通过六朝三百余年的开发、垦殖、经营与积累，南京地区的经济得到长足的发展，农田水利建设、农具改良、耕作技术日趋先进，粮食产量不断提高，相应的副业、手工业生产如茶、酒、药、丝织、造船等兴盛空前。隋、唐时期，金陵仍是东南驿道和漕粮转运的重要枢纽之一，不失其举足轻重的地位。换个角度说，正因为南京地区在隋、唐时期的政治地位低下，其经济地位的重要性才更容易凸显出来。

在大一统的王国之中，商业贸易、游赏登临、酒肆歌楼等得到了更有利的发展机遇。据《隋书·地理志下》记载："丹阳旧京所在，人物本盛。小人率多商贩，君子资于官禄。市廛列肆，埒于二京。"隋时南京地区商人在市民中占有相当高的比例，市场的繁盛不亚于长安和洛阳。唐代"扬一益二"的扬州，实际上仍是以南京为中心的区域，最引人注目的就是秦淮河下游长干里商业文化区。"安史之乱"中北方经济受到严重冲击，中国的经济中心不得不向南方倾斜，国家对江南经济愈加倚重，至韩愈有"当今赋出于天下，江南居十九"之感慨。

"金陵帝王都"的盛名，"江南佳丽地"的秀美，引得诸多文人学士纷纷前来南京游览观赏，留下了大量诗文，从不同角度反映出南京地区的繁荣昌盛，丰富了南京的城市内涵，提升了南京的文化形象，在遗存后世的实物之外，保存下了更多的城市记忆。

这其中，首推李白的千古名篇《长干行》。

"妾发初覆额，折花门前剧。郎骑竹马来，绕床弄青梅。同居长干里，两小无嫌猜。十四为君妇，羞颜未尝开。低头向暗壁，千唤不一回。十五始展眉，愿同尘与灰。常存抱柱信，岂上望夫台。十六君行远，瞿塘滟滪堆。五月不可触，猿声天上哀。门前迟行迹，一一生绿苔。苔深不能扫，落叶秋风早。八月胡蝶来，双飞西园草。感此伤妾心，坐愁红颜老。早晚下三巴，预将书报家。相迎不道远，直至长风沙。"

历来解读这首诗的人，都说这是一首爱情叙事诗，在青梅竹马、两小无猜上下功夫。这当然是一首柔美明媚的爱情诗。然而，应该明确指出的是：这是长干里商人的爱情生活，或者说市民爱情生活的写照，与以往所见农民爱情叙事颇为不同。农民爱情故事中流行最广远的牛郎织女的故事、董永与七仙女的故事，身为农民的男主角尽管勤劳、纯朴、善良，却无力改变自己的命运，只能寄希望于天上的仙女。这种象征背后的现实，就是被捆绑在土地上的农民找不到提升自己的途径。张籍曾在《贾客乐》中摹写农民与商人的对比："年年逐利西复东，姓名不在县籍中。农夫税多长辛苦，弃业宁为贩宝翁。"

长干里的商人清楚地知道，经商足以让他们安身立命，所以男子一成年，就踏上经商的途程，直上湘潭、巴蜀。他们的妻子虽有幽怨，但又能充分理解自己的丈夫。紧随"感此伤妾心，坐愁红颜老"之后的是积极的行动："早晚下三巴，预将书报家。相迎不道远，直至长风沙。"长风沙地处安徽，距南京七百里。此处水流湍急，是长江中与瞿塘、滟滪并称的险段。长干里一个十几岁的小女子，就有远上长风沙的胸襟与能力，这不是农民也不是一般市民所能有的情志。

　　唐代长干里成熟的市民阶层和市民文化，是在六朝商业经济基础上生长起来的。只是因为唐代采取禁海政策，长干里人经商只能从江之尾到江之头。有着商业家庭背景的李白，对于商人的生活与情感自有特殊的敏锐，又有着沿长江上下丰富的旅行经验，而且多次居留南京，对长干里的观察与理解自非常人所能及，故而能够触发灵感。诗中以女性自述口吻，对长干里人的生活作了生动而深刻的描述。同样是写商人妇的离愁闺怨，《长干行》与白居易的《琵琶行》全然不同。浔阳江头的商人妇，是饱经风霜而后期望安定生活的女性，斑驳的身影和斑驳的情绪，给人以薄暮的悲凉。而长干里少妇的闺怨，则是一种清纯少妇对美好生活的思念，色彩要明亮得多，虽对未来有所担忧，但不失希望和勇气。读李白的《长干行》，绝不会让人泪湿青衫。

　　唐人的诗歌中，长干里几乎成了金陵的代词。歌咏长干里人的商

明人画《长干春游》

長春畵遊

业生涯，同样成为唐诗的一个重要命题。李白所作《长干行》（其二）中，细腻地描绘了"那作商人妇，愁水复愁风"的忧心忡忡，有趣的是这几句："北客真王公，朱衣满江中。日暮来投宿，数朝不肯东。"其中透露的信息，远不止北客对商人妇的恋慕。一方面，长干里作为江南商品集散地，必然会有许多外地商人至此交易，甚至长住长干里。另一方面，商人远行之际，其家宅可以作为接待外来客商的旅舍。如李白《江夏行》中所说："去年下扬州，相送黄鹤楼。眼看帆去远，心逐江水流。只言期一载，谁谓历三秋。"张籍《江南行》中写道："长干午日沽春酒，高高酒旗悬江口。娼楼两岸临水栅，夜唱竹枝留北客。"王建的《江南三台》也透露着同样的消息："扬州桥边少妇，长干市里商人。三年不得消息，各自拜鬼求神。"这样的你来我往，才能达成长干里生生不息的繁华。

　　张潮的《长干行》，描绘出这种商业大潮下另一类型的故事，"富家女"因期盼爱情专一嫁了个穷夫婿，变卖自己心爱的衣裳为夫婿筹集经商的资金，"妾有绣衣裳，葳蕤金缕光。念君贫且贱，易此从远方"。丈夫想必是为了多挣钱，久久不回，"商贾归欲尽，君今尚巴东。巴东有巫山，窈窕神女颜"。妻子不禁又担心丈夫会迷上巫山神女。

　　乐府《杂曲歌辞》中的《长干曲》，就是源于长干里的民歌。崔国辅所作即名《小长干曲》："月暗送潮风，相寻路不通。菱歌唱不彻，知在此塘中。"可以作为代表的是崔颢的一组《长干曲》：

"君家何处住，妾住在横塘。停船暂借问，或恐是同乡。"

"家临九江水，来去九江侧。同是长干人，生小不相识。"

"下渚多风浪，莲舟渐觉稀。那能不相待，独自逆潮归。"

"三江潮水急，五湖风浪涌。由来花性轻，莫畏莲舟重。"

前文说过，横塘即在小长干巷近江一带。所以写长干里的诗歌，常常会提到横塘。这几首诗里透露出的重要信息，是长干里人的经商活动已经达到了这样的程度：一是许多人长年在外，以致邻里不相识；二是长干里人行走三江五湖，在商人队伍中的分布甚广，长江之中两船相遇，就可能有同乡相会，颇有后世"无商不徽"的气势。

中唐时代生活在南京的女伶刘采春，唱过这样一首《望夫歌》："不喜秦淮水，生憎江上船。载儿夫婿去，经岁又经年。""夫婿"的离去已经是势在必行，也只有夫婿的暂时离去，才会有将来的安乐生活。明白这一点的少妇，只肯迁怒于将其夫婿载去的"秦淮水"与"江上船"，而不忍责备"见少别离多"的夫婿。

与金陵诗缘深厚的李白，留下佳作多达七十余篇。尤为可贵的是：他与一众沉湎于怀古之思的诗人不同，更多地描写了金陵的日常生活场景。其中关涉游乐、酒宴、访友、离别之处，如凤凰台、瓦官阁、长干里、白鹭洲、大江、石头城、西楼、孙楚楼等，多在秦淮河入江处夹江

长干故里

在城南聚宝门外泬东人谓山陇之间曰干一出城垣山岡绵亘行徒安德凤庵二门错置至平旷處民庶雜居故相径道迴環寺宇傅有大长干小长干之稱唐人詩多詠之

《金陵四十八景》中的《长干故里》

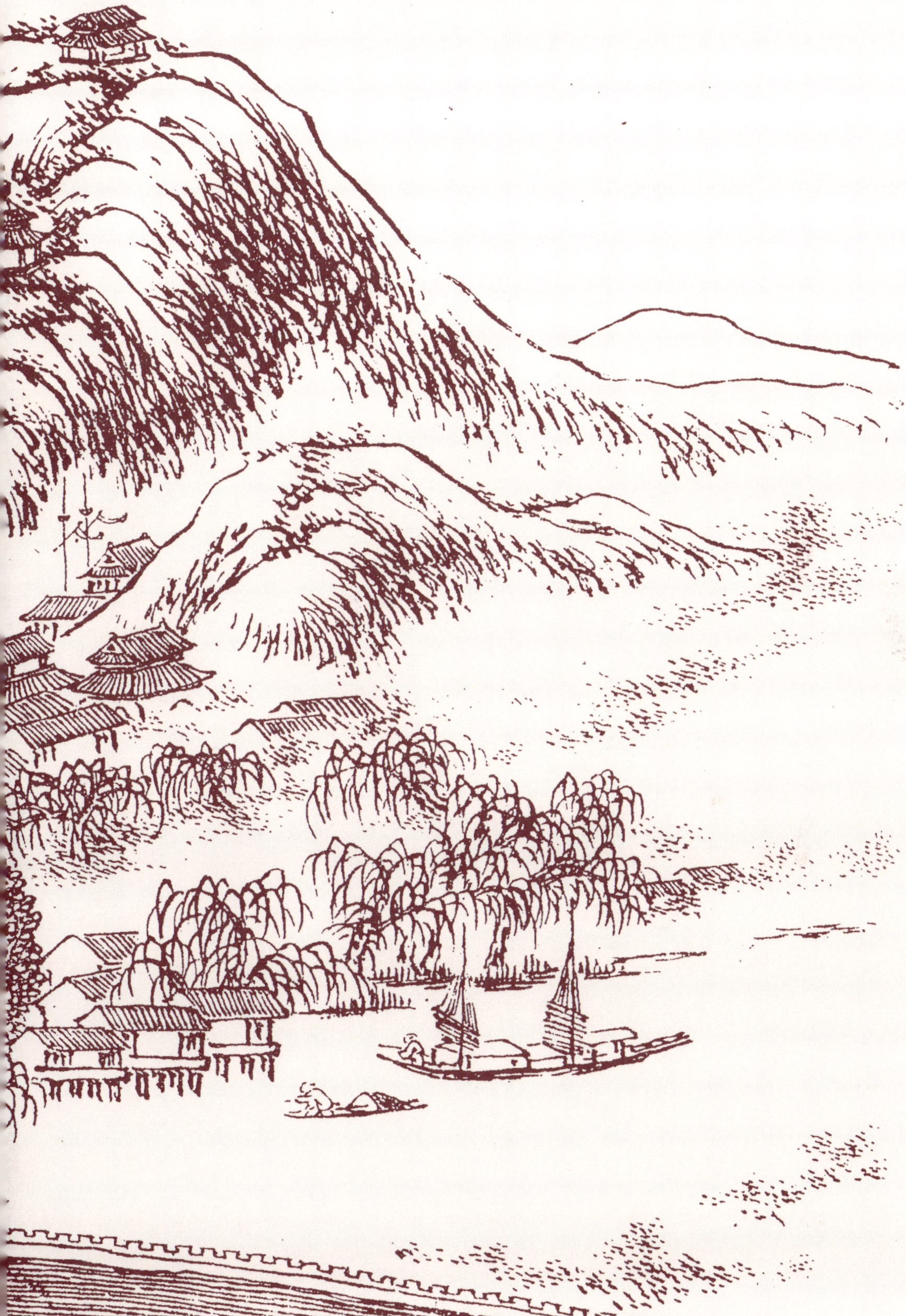

两岸。据《宋书·五行志》记载,晋安帝时,石头津渡已经发展到"贡使商旅,方舟万计"的规模,其两岸必然会有与航运相关的货栈、客舍、酒楼等设施建设。

李白《玩月金陵城西孙楚酒楼,达晓歌吹,日晚乘醉著紫绮裘乌纱巾,与酒客数人棹歌秦淮,往石头访崔四侍御》长诗中的描绘,令人如身临其境:"昨玩西城月,青天垂玉钩。朝沽金陵酒,歌吹孙楚楼。忽忆绣衣人,乘船往石头。草裹乌纱巾,倒被紫绮裘。两岸拍手笑,疑是王子猷。酒客十数公,崩腾醉中流。谑浪棹海客,喧呼傲阳侯。半道逢吴姬,卷帘出揶揄。我忆君到此,不知狂与羞。一月一见君,三杯便回桡。舍舟共连袂,行上南渡桥。兴发歌绿水,秦客为之摇。鸡鸣复相招,清宴逸云霄。赠我数百字,字字凌风飙。系之衣裘上,相忆每长谣。"

诗中明确写出夜游的路线,自秦淮河入江处的孙楚酒楼(今水西门附近),放舟秦淮,又沿夹江北上,至石头城访友。"两岸拍手笑,疑是王子猷"一句,可见石头津东面江岸和西面白鹭洲上都有众多游人。"半道逢吴姬,卷帘出揶揄",夹江中时逢花船穿行,有如明清时的秦淮灯船,诗人竟遇上了旧相识的吴姬。两人同饮三杯,回返秦淮河,舍舟登岸,在南渡桥上,吴姬为李白长歌一曲。天亮后吴姬又邀李白赴宴,并有诗相赠。这是天宝十二年(753),李白被"赐金放还"后的事情。

又如《宿白鹭洲寄杨江宁》:"朝别朱雀门,暮栖白鹭洲。波光摇海月，星影入城楼。望美金陵宰，如思琼树忧。徒令魂入梦，翻觉夜成秋。绿水解人意，为余西北流。因声玉琴里，荡漾寄君愁。"

"朝别朱雀门，暮栖白鹭洲。"白鹭洲上有供人寄宿的馆舍。离别金陵的旅人，早晨从朱雀门（今中华门一带）乘船出发，顺秦淮河而下，行程不过五里，沿途观赏市井风物，抵达石头津并不即行，而是逗留白鹭洲，与送行的友人告别，隔日才正式踏上旅途。"波光摇海月，星影入城楼"的城楼，自然是石头城了。"绿水解人意，为余西北流"，自秦淮河口至石头城的夹江正是西北流向。《送殷淑三首》之二中的"白鹭洲前月，天明送客回"，也说明白鹭洲是送别之所。

张籍《贾客乐》中写到商船远行之前在此祭神、话别："金陵向西贾客多，船中生长乐风波。欲发移船近江口，船头祭神各浇酒。停杯共说远行期，入蜀经蛮远别离。"卢纶《夜泊金陵》："圆月出高城，苍苍照水营。江中正吹笛，楼上又无更。"韩偓《金陵》诗："风雨萧萧，石头城下木兰桡。烟月迢迢，金陵渡口去来潮。"描绘的也都是这一段水道。

由此可见，杜牧的《泊秦淮》："烟笼寒水月笼沙，夜泊秦淮近酒家。商女不知亡国恨，隔江犹唱后庭花。"肯定不是泊在今天的夫子庙前，而是在今白鹭洲附近的秦淮河岸边。泊船之处"近酒家"，对岸亦有歌女，可见两岸皆是繁华夜市。"隔江犹唱"，在一百多米宽的河对岸还能听得到，可见歌吹之盛。"借问酒家何处有，牧童遥指杏花村。"杜牧笔下的杏花村，同样位于凤台山东麓。

唐人歌之咏之、令人心向往之的金陵繁华之境，虽然常被称为长干里，但以诗中所描绘的景物参照，与六朝长干里方位已有较大变化。前文所述沿运渎北向、东向拓展形成的商业区，与"边淮列肆"的商铺逐渐连为一片，再加石头津夹江两岸，客馆、酒楼、货栈林立，形成了唐代金陵的商业繁会之地。正因为发生了这样的变化，南唐建金陵城时，才能够将原小长干里的南部隔断在城墙外。而南唐金陵城龙西门（今水西门）和大西门（今汉西门）的择址，正是基于城内外商业交通的需要。

唐末军阀混战，对南京地区影响甚微。杨吴控制江南之后局势稳定，又采取与民休息的政策，促进社会经济持续发展。此后定都金陵的南唐，迎来了经济、文化全面繁荣的时期。宋、元两代，中国经济中心南移的大局已定，朝廷不但在经济上倚重江南，在行政上也不再蓄意打压南京。

清版画《杏村沽酒》

《景定建康志》记南宋乾道五年重修镇淮、饮虹（今新桥）二桥："惟二桥横跨秦淮，据府要冲，自江、淮、吴、蜀，游民行商，分屯之旅，假道之宾客，杂沓旁午，肩摩毂击，穷日夜不止。"镇淮桥在金陵城南门内，饮虹桥在镇淮桥西、鱼市南口，正当商业区中心。《至正金陵新志》卷四中记述六朝古市后说："《南唐书》有金陵市。至今有清化市、罗帛市。而自昔言市者，则以东市、西市、凤台、鹭洲四坊之达为市，盖即鱼市。今银行、花行、鸡行、镇淮桥、新桥、笪桥，皆市也。"除了历史以来形成的大型集市以外，新出现的有金陵市、清化市等。秦淮河及其支流两岸，还汇聚了大量商肆和手工业作坊，尤以城西南区为集中。其记坊里位置时说："东市坊，在鱼市东；凤台坊，在鱼市南；西市坊，在鱼市西；鹭洲坊，在鱼市北。"又说："清化坊、钦化坊，并在西市之北。"凤台坊在凤台山一带，鹭洲坊在其北近秦淮河入江口，应无疑问。清化坊近清化桥，即今绒庄街北口的鸽子桥，钦化坊即今评事街，则南唐时西市的位置，当在颜料坊、牛市一带。东市的位置，则在铜作坊一带。金陵市即银作坊。这同样可以证明前文所说市场由南向北、由西向东发展的趋势。街路汇聚处，出现了许多服务性行业如茶楼、酒肆、旅店。金陵城不但是南唐的首都，也是全国最重要的商业都会。

现存清乾隆年间冯宁仿杨大章宋院本《金陵图》长卷，是难得的宋代金陵城图画资料。《景定建康志》中的《府城之图》等只是粗略的示意图，《金陵图》则是形象生动的彩画长卷。《金陵图》纸本设色，纵三十五厘米，横一千零五十厘米。山川城阙，市井风物，历历在目，绘有人物五百余，动物近百头，商铺宅院四十几处，舟船车舆二十多驾，可说是宋代南京的"清明上河图"，对于我们了解南唐金陵城规模格局、宋代建康府市井风貌，都有重要的参考意义。

画卷自右向左，以两座城门为分隔，可分为三个部分，左、右两端都是乡野风光，中部是繁华城市。这两座城门也成为我们判断图中区域的地标。左边的城门并列着水门和陆门，城门外水面浩荡，不远即山石起伏，可以肯定是金陵城西垣南门龙光门（亦称龙西门，今水西门），水门即栅寨门。当时秦淮河出栅寨门即进入长江。江岸山石则是石头山（今清凉山）余脉。

由此可以推知，右端的城门即金陵城南门（今中华门）。南门外护壕即南唐建城后形成的外秦淮河，河上有长干桥。在南唐建金陵城之前，长干里地区是南延至越城一带的，此时虽被城墙和护壕隔断，南门外仍有市井延续，相当于今西街地区。由此再向南，便是雨花台余脉丘陵了。

两门之间的商市区，即今门西地区，也即从东吴大市到唐代长干里，再到南唐和宋代的"边淮列肆裨贩"，是延续千年的商业中心区，与历代文献中的记载完全吻合。画面中主要绘出的是秦淮中支与凤台山之间的繁华市井，秦淮中支在画幅上方，时隐时现，画幅下沿则常常可以看到丘陵山石。画师之所以选择城西南隅这一局部来表现金陵，因为它正是非建都时期金陵城中最有代表性的区域。

《金陵图》为前述文献记载提供了切实生动的图像诠释。认真研究画面内容，对于认识宋代金陵城乡建筑、市肆商铺、交通工具、工匠技艺、农业劳作、鞋帽服饰、饮食娱乐、风物民俗，都可以有很大的帮助。

画家对于建筑情有独钟，街路两边的房屋，不但建筑样式、院落组合个个不一，而且顶盖、斗拱、梁柱、台基、门窗、配饰，都有相当准确的结构图或剖面图，一些房顶铺瓦只铺了一半，让人可以看清承托部分。若非刻意为之，很难想象会有这样的巧合。房屋内部的陈设，也几乎没有重复的，如果逐一描摹出来，可以组成一部相当完全的家具图录。对于复杂的交通工具如大车，画家还特意安排了一家修车铺，门前有拆散了的大车零件，车轮、车架、车轴等部分一目了然。

从商铺中可以看出数十个行业，有饭馆、面店、酒肆、茶棚、粮铺、油行、染坊、当铺，还有学堂、书舍、街头杂耍等。其门里门外，都有相应的行业用具和人员操作，如饭店里的灶台，酒肆里的蒸馏炉，画得都很逼真，简直可以据此复制。临近桥头的一处临时摊点，以推车为摊位，车旁竖着三柄大遮阳伞，伞柄插在大方砖中以固定，这方式现今仍在使用。

栅寨门内的这一座拱桥,大约是崇道桥。河南岸即今仓巷、红土桥一带,当时也属于繁华闹市。河里有打鱼船,有渡船,有游船,有货船。栅寨门和桥之间的河岸,可以看到四个纤夫。因为船进栅寨门后是逆流而上,载重的货船须靠纤夫拉行。

道路上可以见到多种运输工具,有四头牛拉的大货车,运水的双轮车,有单人推的独轮车,驮货的有驴、马,还有骆驼。还有人挑担子、扛货架、头顶货匾。行人多数步行,也有骑马、骑驴、坐轿、乘船的。男女老少、不同身份者的动作神态,栩栩如生,服饰式样不同,色彩缤纷。这些都是旧时文献中很少具体记述的。

从收割完的麦地、赶牛耥水田,农民以连枷打场、罗筛筛麦,街上有人卖扇子和蝈蝈笼子,可以肯定是夏收时节。城乡树木枝繁叶茂也证明着这一点。天气渐热,有人撑伞遮阳,时近黄梅,行人多带着雨伞。

简而言之,在这幅《金陵图》长卷中,我们可以看到宋代形象生动的南京风貌,广涉城市建筑、交通运输、商贸经济、手工业、农业及生活日常、风物风情等多个方面,如果细细推敲,足以写成一本书。无独有偶,明代《南都繁会景物图卷》中绘出的商业繁会之区,同样以这一区域为主。

二 "直挂云帆济沧海"

唐诗中描绘石头津出发的商船，多是往来长江之上，"年年逐利西复东"。因为唐王朝采取的禁海政策，严禁民间与海外自由交往，使得金陵商人无法扬帆出海，只能溯江行商。然而，南京有史以来就是一个跨江发展、放眼大海的城市。中国四大古都中，唯独南京具有海洋文化因子，由此形成的海洋文化传统，成为南京的一个重要特色和优势。这一传统虽在王朝实施海禁时受阻，但藕断丝不断。只要是开放海禁的时代，南京人就一定会远涉重洋。

秦淮河是南京人溯江涉海的起点，石头津是南京面向世界的窗口。

早在新石器时代，湖熟人已能沿秦淮河进入长江，渡江北上，湖熟文化圈直达六合、仪征、扬州。越城的建造，使后人注意到秦淮河入江口的自然地理优势，为长干里居民、交通、商贸中心的发展提供了新契机。东吴定都建业，开南京地区都城文化先河，使其政治、军事、经济诸方面的优越性显化，成为后世立国建都时的重要选项。长干里人浩荡江海的商业传统，在六朝时期且成为国家行为。秦淮河入江处名动天下的良港石头津，曾停泊舟船万艘。由此启航的船队，不仅自江之尾远溯江之头，而且"直挂云帆济沧海"。

　　与此相应，南京的造船业也取得了前所未有的发展。六朝立国于东南水乡，自然环境决定了水上交通的重要性，加上战争需要，造船业遂成国家重要产业。宋《太平御览》记载，孙吴时期建业官内可以造船三百艘，一般的船都可以承载八十匹马的重量自由航行。东吴水军战舰类型众多，结构坚固、速度轻快、能攻能守的中小型战舰获得了长足的发展。夏侯弼《吴都赋》中描绘东吴的大船，船上建楼可达数层，高崎河中，能令人生"风骇云浮"之感。东晋南朝从事商业运输的民用船只发展迅速，建康成为联系南方地区、长江中上游地区和北方地区的经济枢纽，并发展出多条海外航线。六朝造船业对推动江南地区的经济发展和商业兴旺起了重要的促进作用，南京城南至今还保留着船板巷、大板

明版画《水操》

巷、小板巷、木料市等地名。一些能够增加航行速度和提高战斗力的动力机械开始在船上试验安装。科学家祖冲之发明以机械推动的"千里船",能日行百余里,制成后于建康南郊新亭江面试航,大获成功,轰动朝野。南朝战舰上还装置了铜弩机,发射的弩箭强度大,射程远,大大增强了战舰的战斗力。东吴船队纵横于长江之上,西联刘备,北拒曹操,赤壁一战,奠定三国鼎立基础,为人们所熟知。然而,更不能忽略的是:东吴常有万人以上的大舰队远涉重洋,北到辽东半岛、朝鲜、日本,南至南洋群岛,对外交往活动频繁。

黄武五年(226),宣化从事郎朱应、中郎康泰等人到访林邑(今越南中部)、扶南(今柬埔寨)和南洋各国,亲历了解到的国家共有一百多个。这是中国第一次派专使通过海上丝绸之路加强对外政治、经济、文化联系,史称"南宣国化",其意义不亚于汉代张骞、班超通西域。人们接触种种新鲜事物的机会因此而大大增多。其中不少物品,今人会觉得平平无奇,但在三国时期,则是闻所未闻,故称之为"异物"。东吴六十年间,至少产生了五种《异物志》。"南宣国化"的朱应撰有《扶南异物志》,曾任合浦、交趾太守并南征九真的薛综,其两个儿子,薛珝撰《异物志》,薛莹撰《荆扬已南异物志》,曾任丹阳太守的万震撰有《南州异物志》,此外还有沈莹撰有《临海水土异物志》。这些书现在都已亡佚,只能在《太平御览》等书中看到部分佚文。但左思写

《吴都赋》时肯定参考过它们。刘渊林注《吴都赋》，也一再引证《异物志》等书，如："藿香，交趾有之。豆蔻，生交趾。""紫，紫菜也，生海水中，正青，附石生，取干之，则紫色。临海常献之。""槟榔者，断破之，长寸许，以合石贲灰与槟榔并咀之，口中赤如血。始兴以南皆有之。""木棉，树高大，其实如酒杯，皮薄，中有如丝绵者，色正白，破一实得数斤。广州、日南、交趾、合浦皆有之。""始兴以南又多小桂，夷人绩以为布葛。""孔雀，尾长六七尺，绿色有华彩。朱崖、交趾皆有之，在山草中。山鸡，如鸡而黑色，树栖，晨鸣。"

对于此类异物贡品，朝廷设有专门管理机构中藏府。《三国志》里有个表现废帝孙亮"幼而聪悟"的小故事，从中藏府取来的甘蔗饧中混进了老鼠屎；孙亮让人掰开鼠屎，发现内尚干燥，断定是取物人陷害管理人。这甘蔗饧也是"交州所献"。

最值得注意的是棉布。《太平御览》卷八二〇引《南州异物志》："五色斑布，以（似）丝布，古贝木所作。此木熟时，状如鹅毳，中有核如珠珣，细过丝绵。人将用之则治，出其核，但纺不绩，在意小抽相牵引，无有断绝。欲为斑布，则染之五色，织以为布，弱软厚致上毳毛。外徼人以斑布纹最繁缛多巧者名曰城城，其次小粗者名曰文辱，又次粗者名曰乌驎。"这可能是关于棉布纺织的最早记载。但其时斑布产量不高，尚属贵重物品，民间难得一见。《世说新语》中有顾恺之的故事,他任荆州刺史殷仲堪僚属,请假回建业,按例不得使用官府的布帆。顾恺之苦苦相求才得借用,船行至破冢洲,大风损坏了船帆,他写信告诉殷仲堪破冢遇险,"行人安稳,布帆无恙"。这已是东晋末年,棉布仍非轻易可得。《乐府诗集》中同一时期的《懊侬歌》:"江中白布帆,乌布礼中帷。撑如陌上鼓,许是侬欢归。""长樯铁鹿子,布帆阿那起。诧侬安在间,一去三千里。"也是关于布帆的早期记录。

《南州异物志》记载:东吴时常有商贾以牛、羊等与交州人交换各种香料,但官方为垄断交州异物,有严厉的管控措施。如合浦产珍珠,百姓唯以采珠为业,"以珠易米"。而吴时"珠禁甚严,虑百姓私散好珠,禁绝来去,人以饥困"。东吴后期,因为向交州征敛过度,引起大规模叛乱,不仅失去资源,且须以战平乱,大损国力。

黄龙二年(230),孙权派遣将军卫温、诸葛直率甲士万人出海,寻找夷洲(今台湾)和亶洲(今日本)。因亶洲的方位不是很明确,当时导航水平也不够高,卫温和诸葛直没找到亶洲,只从夷洲带了数千人返回建业。这一航行载入《三国志·吴书》,是大陆与台湾之间的往来首次见诸史籍。

明版画《高丽国》

嘉禾元年（232），魏辽东太守公孙渊派使臣到建业，进献貂、马，愿做东吴藩属。孙权封公孙渊为燕王，意图借此形成南北夹击曹魏的形势。后公孙渊出尔反尔，但北上的东吴使节仍与高句丽（今朝鲜半岛）建立了友好关系。

六朝南京的对外交往是双向的。东吴常接待到访的海外诸国使节和僧侣。东汉末年，大月氏高僧支谦来建业，有智囊之誉，孙权拜他为博士，请辅佐太子孙登。支谦深通梵典，以毕生精力译出《维摩诘经》《大阿弥陀经》《大明度无极经》等佛教经典二十九部，并提出译经应考虑汉语特点，重视文采，使读者易于理解。他还采用了会译的办法，将自译与旧译两相对照，便于研究。

黄武五年（226），东吴交趾（今越南北部）太守吴邈将大秦（今罗马）商人字秦论送到建业，孙权向他了解罗马的国情风俗，后派使臣送其回国。这是罗马商人到达南京的最早记录，也是第一位有名可考的来华罗马商人。赤乌六年（243），扶南国王派遣使臣到建业，贡献乐师和地方特产，孙权专门在皇宫附近建造一座扶南乐署，便于他们教授官中乐师。中亚、印度等地的僧人，常有渡海来到建业的。

赤乌十年（247），康僧会从交趾来建业译经传教，所译经文得到很高评价。他说服孙权建佛寺供奉舍利，即秦淮河南岸凤台山麓的建初寺，是长江以南第一座佛寺。"南朝四百八十寺"的盛况，由此肇端。

东晋南朝，南京与海外的交往进一步扩大。东晋初年，西域高僧帛尸梨蜜多罗住建康建初寺，译出《大孔雀王神咒经》《孔雀王杂神咒经》《大灌顶经》等。长干里道场寺更成为江南译经基地。佛陀跋陀罗和慧观、慧严、慧义等在此译出《华严经》等经籍。义熙九年（413），西行求法十四年的高僧法显抵达建康道场寺，带回大量梵文佛经，与寺中学僧译出《大般泥洹经》《摩诃僧律》等经律六部。他又据亲历三十余国的见闻撰写《佛国记》（又名《法显传》《佛游天竺记》），反映中亚、南亚、东南亚诸国的地理、历史、交通、社会文化，是现存时代最早的纪游实录。佛教高僧与豪门士族交游日广，玄学和佛学互相影响，南朝不少士人佛学造诣精深，佛学亦因重思辨而学术色彩大增。定林寺主持僧祐编撰《弘明集》十四卷，收录自东汉末至梁天监八年（509）间佛教文献一百八十三篇，约十四万字，是中国佛教史上第一部护法弘教的文献汇编。其中既有佛学家的作品，也有儒、道学者的作品，能够客观地反映双方论点，因而成为研究中国哲学史、思想史、佛教史的珍贵文献。佛教徒在译经时总结出汉字的声母、韵母和四种声调，发明反切拼音之法，也启发了当时的诗人。齐永明年间周颙撰《四声切韵》，沈约撰《四声谱》，提出"四声八病"之说，形成了中国古代格律诗的雏形"永明体"，为唐诗的鼎盛打下重要基础。这是翻译佛经给中国文学带来的意外收获。

朝鲜半岛向来与中国联系密切。高句丽使臣到访建康不下三十次，并多次贡献战马，仅南朝宋元嘉十六年（439）一次就多达八百匹。百济使臣到访也有十余次。南朝亦多次派遣使臣前往朝鲜半岛，授予高句丽王征东大将军称号，授予百济王镇东大将军称号。倭国（今日本）屡屡遣使朝贡，南朝宋、齐、梁多次授予倭王封号和安东大将军称号。日本习称六朝中国为吴，日语中常见以吴命名的词汇，如吴织、吴服、吴音、吴乐、吴桥、吴竹、吴牛等；东渡的中国移民被称作吴人，而吴人的定居地被称作吴原，可见吴文化在日本文化中的深远影响。南朝梁对外交往规模超迈前代，《梁书·诸夷传》的记载也更为详备。梁武帝普通三年（522）司马达去倭国，建造精舍崇佛，是佛教进入日本的最早记载。

东晋南朝与东南亚、南海诸国也常相往来。东晋时扶南国（今柬埔寨）两次进贡驯象，南朝时扶南使节到建康不下十五次。梁大同五年（539），扶南国派使者到建康献生犀，并宣传该国有佛的头发，崇佛的梁武帝当即派沙门释云宝赴扶南国迎取佛发，并聘请扶南高僧前来讲经传法，在建康建立译经道场扶南馆。此外还有远处南海的干陁利国、狼牙修国、婆利国等使者前来建康。梁朝帝王画家萧绎在《职贡图》中描绘来到建康的各国使臣形象，原作可能多达三十余国，现存宋人所摹残本仅滑国、波斯、百济、龟兹、倭国等十二国使臣，各穿其民族服装，面貌、气质不同,神态生动,相当于南朝外交史的一个缩影。画面上并有题记说明该国方位、山川道里、风土人情以及与梁的关系等,可补《梁书·诸夷传》。仅据正史记载统计,六朝时期来建康朝贡的就有二十多个国家和地区的一百多批使臣,除接受册封、购求佛教和儒家经典外,还聘请中国的学者、工匠、画师去外国交流。

当时秦淮河畔,常可看到外国人和奇装异服。双方通过贸易互通有无,南京输出的货物主要是丝织品,输入的有琉璃、象牙、犀角、珍珠、珊瑚、玳瑁、木棉、香料、檀香木、佛像,以至狮子、大象、犀牛、鸵鸟、鹦鹉、孔雀等珍禽异兽。这丰富了南京人的物质和精神生活,开阔了他们的眼界,促进了商品经济与手工业技艺的发展,而不把外国人视为"洋鬼子",就是一种难得的开放胸怀。如果画一幅"秦淮风俗图",当会比《清明上河图》更多出一份异国风情。正是六朝南京与海外的密切交流,为隋、唐时期与海外各国的官方交往,为海上丝绸之路的开拓发展,奠定了良好的基础。

明代初年定都南京,是南京海外交往的又一个鼎盛时期。

立国之初,太祖朱元璋即"宣德化以柔远人",连续派出外交使团出访安南、日本、朝鲜、爪哇、三佛齐、满剌加等三十六国。各国相继派遣使臣来南京,进贡方物,双方的通商贸易关系也得以持续。成祖朱棣登基后,自永乐三年(1405)到宣德八年(1433)的二十八年间,

《职贡图》

郑和统领的庞大外交使团，以船舰一二百艘、军士二万余人，组成史无前例的远洋船队，由秦淮河畔始发，七下西洋，远航十余万里，到访三十余国，成为世界航海史上的一件壮举。作为这一壮举决策地、造船地与始发地的南京，遂成为海上丝绸之路与陆上丝绸之路的重要交汇点。

因为宋、元时期的江岸变化，秦淮河入江口北延到龙江关（今下关），南京地区的发展也随之北进，龙江成为新兴的交通枢纽。造船基地龙江船厂和龙江宝船厂都设在此地。明太祖洪武初年，陆续从浙江、江西、湖广、福建及南直隶（今江苏、安徽）滨江府县等造船地区征调而来的能工巧匠四百余户，使南京地区的造船业迅速成长，年产量很快达到二百艘左右。船厂内设工部分司、龙江提举司、帮工指挥厅等管理机构，分工细致而组织严密，工匠编为四厢，一厢出船木、梭、橹、索匠，二厢出细木、铁、缆匠，三厢出艌匠，四厢出棕篷匠，每厢分为十甲，每甲管辖十户，此外还有内官监匠、御马监匠、宝船厂匠、看料匠丁等杂役工人。就工艺而言，分为船木作、艌作、铁作、篷作、油漆作、索作、细木作等七个作坊，每个作坊有作头管理。此外还有临时调集的搭罩篷作、旗作、油画作、鼓作、铜作、绦作、铸作、蛎壳作、穿椅作、贴金作、缨作、旋作、箍桶作等工匠。制作船篷的篷厂，有房屋十幢，共六十间，其他各作坊也各有作房数间。史载明太祖曾将建造皇宫的钱粮和木料移用于龙江船厂，以求建立强大的海军，迅速加强海运

《武备志》中的过洋牵星图

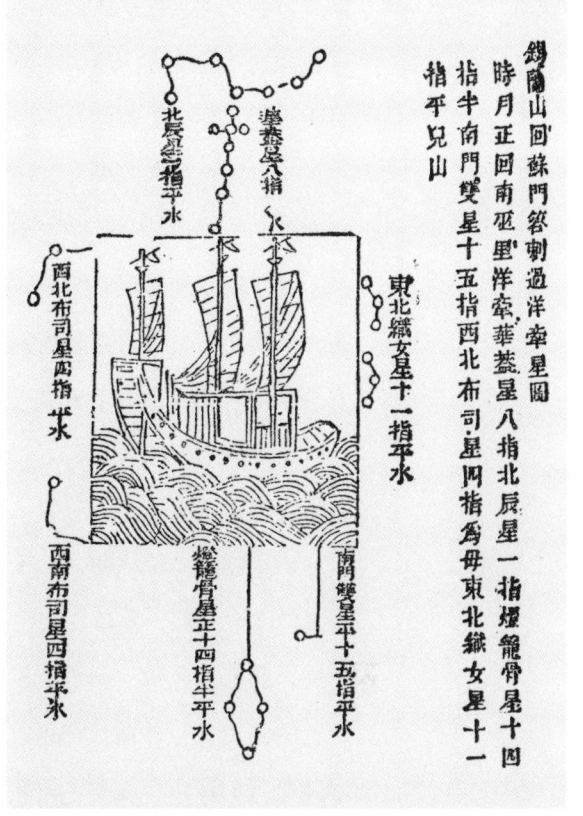

明版画《西洋国物产》

能力，满足向北征军队提供粮饷的需要。由此也可以看出开国君主以国家强盛为本的思想，与清末慈禧太后将海军军费移用去修颐和园，形成鲜明对照。郑和下西洋所用的宝船，多由龙江宝船厂制造。与郑和下西洋相关的天妃宫和静海寺也都建在龙江，是中国海上丝绸之路的重要文化遗存。

明代南京造船业组织完善，分工明确，管理规范，形成了专业化的工匠队伍和定型化的行业规模，就船型设计、模型制造、船坞设备、滑道下水等技术而言，已达到十六世纪前世界木帆船建造的顶峰。撰著《中国科学技术史》的英国学者李约瑟，曾惊叹中国的造船业当时"远远走在欧洲的前面"。

明王朝以"厚往薄来"政策笼络各国统治者，郑和船队每次都携带大量丝绸、布匹、瓷器、金银等作为赏赐，更以重赏吸引各国君主来华访问。同时实行的"朝贡贸易"模式，对来华外商给予各种政策优惠，不计经济得失。外商货物由政府选购百分之六十，其余即可自由交易。于是象牙、犀角、宝石、香料等"各国珍奇异宝无不毕集"，外国的农作物新品种也引进中国。外商所需要的丝绸、瓷器、苎布、茶叶、铜器、铁器等产品，则从全国各地涌来南京，以求善价。三山门（今水西门）至石城门（今汉西门）外的秦淮河畔，仍不失为最重要的商品集散地。南京的江海文化传统得到继承和弘扬。

明代是中外交往史上的转折节点。随着明代前期大规模远航事业的中止，中国对外经济与文化输出告一段落。明代后期，当国门再一次打开时，进入中国的西方传教士，带来的已是令中国人耳目一新的先进科技和工业文明。

意大利"科学家传教士"利玛窦来华，被认为是第二次中外文明相融合的起始点。利玛窦在中国传教三十年，曾三次到南京，在南京生活了一年多。焦竑、李贽、徐光启、叶向高等学者名士曾与他进行平等的交流和探讨。焦竑是当时关注西学的中国学者之一，他的门生徐光启和利玛窦建立了深厚的友谊，两人后合作将《几何原本》译成中文。徐光启也成为晚明重要的科学家、中西文化交流的先驱者。利玛窦曾绘制中国历史上第一幅世界地图，他在南京修订并绘制出轮廓鲜明的新舆图，由他的中国朋友翻刻成《山海舆地全图》，流传到全国各地。他在天文历算、数学、地理学等方面的学识渊博，尤其是能够通过实践进行验证，受到中国士大夫的尊重，被誉为"泰西儒士"。

利玛窦与徐光启

三 六朝文脉承汉启唐

城市既是文化发展的产物，又成为文化发展的外在环境。长期生活在一座城市中，人的思想意识、行为习惯固然会受到环境的影响，而人所创造的物质与精神产品，又会对城市形成反哺。城市文脉，就在城与人的相互作用中绵延昌盛。

秦淮河孕育滋养的南京城，从湖熟文化时期即已显现广纳博收的文化特色。六朝建都，更形成了一种兼容并蓄、多元共生的学术氛围。正是这样的文化氛围，有利于城市接纳新事物，吸收新元素，包容新成员，也有利于新王朝的进入与振兴。

六朝时期社会动荡的局面，使儒学的纲常礼教难以应对。两汉以来儒学独尊的桎梏被打破，政权专制力量亦被削弱，玄学、道学、佛学等多种学术思潮激荡。学者文人视野开阔，个性得以自由发挥，创作繁荣，气象万千，蕴为中国文化史上又一个百花齐放的时期。

南朝宋元嘉十九年（442）建国子学，中设儒学、玄学、史学、文学四馆，各按专业招生，说明人们已经认识到文、史、哲的不同。"四学并建"开隋、唐分科教学之先河，是我国乃至世界最早的分科大学雏形。文学与儒学、史学、哲学分离，是体现文学自觉的一个重要标志。宋明帝时又增加了阴阳学，类似现代的自然科学，共为"五部学"。贵胄士族为维持门第不衰，十分重视后代教育，常开设家馆，延请著名学者教授子弟。这往往使妇女也得到受教育的机会，出现了女诗人谢道韫、鲍令晖、刘令娴等，有些学者、文士就是由母亲启蒙。私学教育家中不乏著名学者，其教学内容也突破了经学教育的一统天下，广涉佛学、道学、玄学、文学、历史、地理、天文、历算、医学、律学以及书法、绘画、音乐等内容。

　　朝廷官学的进步，民间私学的兴盛，都为人才培养创造了有利条件，也促进了文学创作。郭璞的游仙诗，陶渊明的田园诗，鲍照的边塞诗，大小谢的山水诗，梁、陈间的宫体诗等，承汉开唐，各呈异彩。"江南佳丽地，金陵帝王州。"谢朓这两句诗，几乎成了南京的标配，也是南京人的自豪，脱口而出，即使记不住作者的名字。谢朓是南朝影响最大的文学社团"竟陵八友"之一。齐武帝永明年间，竟陵王萧子良通经史、崇佛道，其鸡笼山畔的西邸汇聚大批文士，最著名者有萧衍、沈约、谢朓、王融、范云、萧琛、任昉、陆倕，史称"竟陵八友"，不仅于文学发展多有促进，对齐、梁两朝的政局也产生重要影响。梁武帝萧衍夺位就得到沈约、范云的鼎力相助。其时周颙撰《四声切韵》，沈约撰《四声谱》，提出"四声八病"之说，与谢朓等开创了中国古代格律诗的雏形"永明体"，是较自由的古体诗走向格律严整的近体诗的重要过渡。正因为南朝诗人具有了掌握与运用声律的自觉意识，才能开唐代格律诗之先河，为唐诗的鼎盛打下重要基础。

文艺理论亦与文学创作并驾齐驱，催生了一系列开创性的文化经典。南朝宋刘义庆编撰中国第一部志人小说《世说新语》，以简短的篇幅、隽永的文字，记述汉、魏、晋、宋间士人逸闻轶事、言谈风尚，分门别类以寓褒贬，开创了古代小说的"世说体"。书中不少内容与南京有关。南朝梁刘孝标为《世说新语》作注，引录文献达四百余种，辨讹补正，进一步确立了此书的经典地位。《世说新语》中专设《文学》一篇，共一百〇四条，如果说前半的清谈故事，尚存续着"文章博学"旧说的影响，自六十六条曹植《七步诗》起，则都是纯粹的文学作品纪事，这也是文学标准明确的例证。可以说，南朝建康，是为中国文学创立早期规范的城市，而这种规范，无疑又是那一时期中国文学的正统。

南朝齐刘勰在钟山定林寺撰著《文心雕龙》，是中国第一部体大思精的文学理论专著，对大量文学现象进行了具体而细致的分析，内容丰富，结构严谨，论述系统，全面总结了齐、梁以前的文学理论和美学成果，探索和论述了语言文学的审美本质及创造、鉴赏的美学规律，建构起作品体裁分类系统，提出了许多独到的真知灼见，而且是以骈文写成，可谓前无古人，后无来者。自唐迄清，《文心雕龙》版本数十种，品评近百家，历代学人对其认识越来越深入，评价也越来越高。现当代更形成《文心雕龙》研究的热潮，鲁迅先生以《文心雕龙》与亚里士多德《诗学》并举，作为东、西方文学理论的"楷式"。研究《文心雕龙》成为一种专门学问，世称"龙学"。

很可能是因为沈约的荐举，刘勰在南朝梁天监初年出仕，有机会得到梁昭明太子萧统的赏识，兼任东宫通事舍人，即其文学侍从。萧统主持编选《文选》，刘勰不但参与其事，而且对编选宗旨有重要影响。《文选》与《文心雕龙》的"选文定篇"多有契合。有研究者统计，《文选》选录的作家，见于《文心雕龙》的多达五分之四。

《文选》是中国现存时代最早的一部诗文总集，也是同时期文学总集最高水准的代表。萧统身为太子，自小接受最好的皇家教育，东宫中收藏大量图书典籍，身边聚集着当时最优秀的学者文士，故而选编有着明确的审美理念。《文选》不但对文学与非文学作了范畴区分，阐述了各种文体发展的脉络，所选一百三十位作者的七百余篇诗文至今仍不失为经典佳作，为后人研究六朝以前的文学史保存了可贵资料。隋、唐以诗赋取士，《文选》成为最适用的范本，有"《文选》烂，秀才半"之说。唐代学者李善为《文选》作注，博采众家之长，引书达一千五百余种，使全书篇幅大为增加，故重编为六十卷。研究《文选》遂成为专门学问，世称"文选学""选学"，李善也被尊为"选学"的开山鼻祖。《文选》不仅在中国传诵不衰，而且对日本古典文学产生了深刻影响。萧统也被视为善于读书的象征，江南各地有多处"昭明太子读书台"遗址，仅南京就有三处。

编纂上下近千年的文学总集，必须有提纲挈领的部类区分。在《文选序》中，萧统辨析文体流变，提出了明确的选录标准。周公、孔子的书作为"准式"不可"剪截"，是敬而远之的含蓄说法。此外"老、庄之作，管、孟之流，盖以立意为宗，不以能文为本，今之所撰，又亦略诸。若贤人之美辞，忠臣之抗直，谋夫之话，辩士之端，冰释泉涌，金相玉振，所谓坐狙丘，议稷下，仲连之却秦军，食其之下齐国，留侯之发八难，曲逆之吐六奇，盖乃事美一时，语流千载，概见坟典，旁出子史，若斯之流，又亦繁博，虽传之简牍，而事异篇章。今之所集，亦所不取。至于记事之史，系年之书，所以褒贬是非，纪别异同，方之篇翰，亦已不同。若其赞论之综缉辞采，序述之错比文华，事出于沈思，义归乎翰藻，故与夫篇什杂而集之"。他一再强调的是"篇章""篇翰""篇什""事出于沉思，义归乎翰藻"，将经、史、子三部作品排除在外，以作品的文学性作为唯一标准，"以能文为本"，是文学自觉的重要体现，促进了文学的独立发展。

南朝梁钟嵘的《诗品》是中国第一部诗歌评论专著，被后人誉为"百代诗话之祖"。著者钟嵘是南朝齐、梁间人，其晚年所作《诗品》，序言部分勾勒出梁以前历代诗歌传承发展的脉络，品评部分专论当时蓬勃兴盛的五言诗及诗人，按艺术成就高低，分隶上、中、下三品。入选的东晋以后诗人大多在建康生活过，而钟嵘与其中多位曾共同切磋诗艺。钟嵘善于概括各家独特的艺术风格，从论赋比兴、论风骨词采、重视诗味、摘引和称道佳句四方面着眼，运用比喻描绘诗人的特色，新鲜贴切。他倡导建安文风，主张音律和谐、直抒胸臆，尤其是注意揭示诗人风格的继承关系，对后人划分诗歌流派提供了启示和线索。《诗品》在观念、方法、词句形式上，都对后世诗论有相当影响。《诗品》与《文心雕龙》并称中国文学批评双璧。

南朝梁太学博士顾野王所撰《玉篇》，是《说文解字》和《字林》之后一部承前启后的重要文字学著作。全书三十卷，所分部首五百四十二部，与《说文解字》相较有增有减，总数多出两倍，收字比《字林》增加四千多字，达一点六万余字。《玉篇》的宗旨是综合众书，辨别汉字形体意义的异同，网罗训释，以成一家之言。南朝梁东宫学士徐陵所编《玉台新咏》十卷，收东周至南朝梁诗歌七百余篇，是继《诗经》《楚辞》之后的又一部诗歌总集，也是第一部汇集男女闺情之作、以张大宫体诗为主旨的诗歌集。所选作品不像《雅》《颂》那样典雅，也不如民间谣曲那样俚俗，介于此两者之间，主要反映女性生活，表现女性情思，描绘女性柔美，吐露女性心声，同时呈露了男性对女性的欣赏和爱慕，刻画了男女之间的爱恋与相思。魏晋以来社会审美意识觉醒，抒写对女性美的爱慕，成为表达美学追求的重要方式。不过，在字面的欢愉之外，往往也寄寓着难解的人生烦恼和感叹。梁武帝命文学侍从周兴嗣编撰的《千字文》，是第一部儿童启蒙读物，与宋代编写的《三字经》《百家姓》合称"三百千"，一直延用到现代。

南京的史学成就也很高，列入二十四史的《后汉书》《宋书》《南齐书》产生于六朝南京。其时南北分立对峙，朝代更迭多变，统治者欲借助史书标榜王朝或民族的正统，文人学士亦关注时局兴衰治乱，常以总结历史经验为己任。东晋干宝撰写编年体国史《晋纪》，何法盛撰《晋中兴书》，山谦之所撰《丹阳记》是南京最早的方志著作，南朝齐熊襄撰《齐典》，齐、梁间陶季直撰《京都记》，梁吴均奉敕撰《通史》，萧子云撰《晋书》，任昉著《地记》，梁、陈间顾野王著《舆地记》等，形成一个史学热潮。南朝宋元嘉年间，裴松之奉诏为陈寿《三国志》作注，博采众书，以补缺、备异、纠谬、评论等开创注史新例，所成《三国志注》内容超出原著三倍，为后世研究《三国志》者所必读。

南京的史学传统由此奠定，历代佳作不胜枚举。其中记述南京史事的，如唐许嵩《建康实录》、宋马令和陆游两种《南唐书》、周应合《景定建康志》,元张铉《至正金陵新志》,明王俊华《洪武京城图志》、陈沂《南畿志》《金陵古今图考》、顾起元《客座赘语》、周晖《金陵琐事》、葛寅亮《金陵梵刹志》,清陈开虞《康熙江宁府志》、甘熙《白下琐言》、莫祥芝、甘绍盘《同治上、江两县志》、陈作霖父子《金陵琐志九种》,民国王焕镳《首都志》、朱偰《金陵古迹图考》等,都为研究南京文化所必备。

六朝又是一个艺术自觉的时代,书法、绘画、雕塑等方面都有里程碑式的成就。打开中国书画史,魏晋南北朝时期的重要书画家,主要活动于南京的大约占到三分之二。

东吴书法家皇象被葛洪尊为"书圣",尤善章草,天玺年间书《天发神谶碑》,在书体上是一种突破。画家曹不兴也在南京脱颖而出,与皇象的书法、严武的棋艺、刘敦的天文等并称"八绝"。赤乌十年(247)康僧会来建业,以佛像吸引信众,曹不兴也开始摹写"西国佛画",被誉为"佛画之祖"。他所创"白画",成为后世卫协、吴道子白描画法的先驱。

东晋书法大放异彩。王羲之、王献之父子创造了中国书法史上无与伦比的高峰。王羲之博采众长,独创"飘若浮云,矫若惊龙"的新体,尤以正书、行书为古今之冠,被后世奉为"书圣"。王羲之妻郗氏也有书名，其子涣之、徽之、操之、献之都有法书传世，而献之尤佳，与乃父合称"二王"。王羲之的叔辈王导、王敦、王廙、堂弟王洽等亦善书，王洽之子王珣书名尤高，清高宗得其《伯远帖》，遂与王羲之《快雪时晴帖》、王献之《中秋帖》一并珍藏于三希堂。直至南朝，尚有王昙首、王僧虔、王慈、王志等一脉绵延。正是"二王"为代表的东晋书法，以充分的艺术自觉，将中国书法提升为一门真正的艺术。

王羲之《适得书帖》

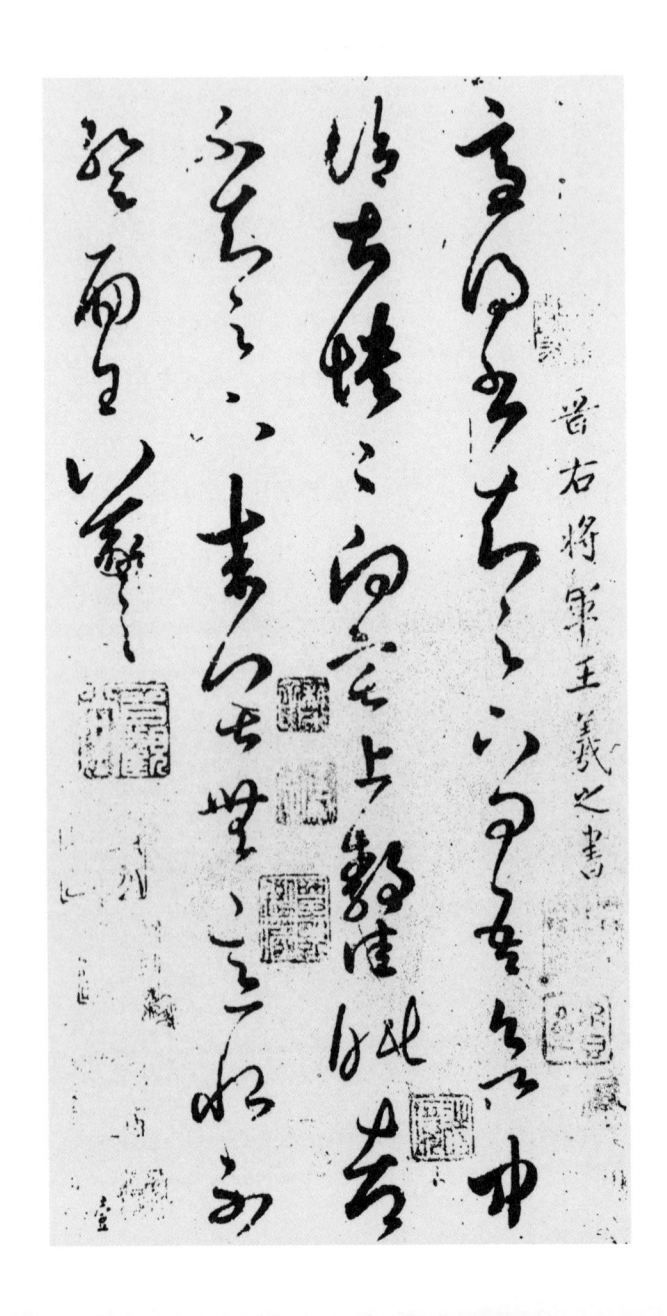

东晋南朝佛教兴盛，寺院壁画风行一时，许多艺术家借此展示才华。顾恺之兼擅书、画，精于人物，主张"以形写神""迁想妙得"，尤重视点睛。兴宁二年（364）他在凤台山麓瓦官寺壁绘维摩诘像，光彩夺目，轰动一时，时有"才绝、画绝、痴绝"之誉。后世将顾恺之与南朝宋陆探微、南朝梁张僧繇并称"六朝三大家"，也有人再加上唐代吴道子合称"画家四祖"。陆探微画学顾恺之，着力表现人物眉眼神态，塑造"动与神会"的秀骨清相。张僧繇变顾、陆的密体为疏体，开创写意画风，又用色彩绘染山水，不施勾勒，形成独特的没骨画法。他还吸收天竺画技，大同二年（537）在建康一乘寺门画出有立体感的花卉，时称"凹凸画"。另一位值得重视的画家是梁元帝萧绎，他早年完成于建康的《职贡图》，是现存职贡图中时代最早的一种。中国的人物画正是在六朝趋于成熟，并被应用于墓葬壁画和画像砖制作。山水画与花鸟画也是萌芽于六朝。

书画艺术的成就，成为艺术理论发展的坚实基础。而艺术理论又指引了书画创作实践的提升，形成一种比翼齐飞的局面。顾恺之的画论现存《魏晋名臣画赞》《论画》《画云台山记》三篇。《魏晋名臣画赞》提出的评画标准，为南朝齐谢赫的"六法论"打下了基础，《论画》中所讲的传移模写技法也为谢赫所采用。南朝宋画家宗炳的《画山水序》和王微的《叙画》都是早期的山水画论，在绘画史上有填补空白之功。

谢赫是技法精妙的肖像画家，所著《古画品录》第一次系统地为三国以来二十七位画家评定品级，开创之功甚伟。其绘画理论"六法论"，即以气韵生动、骨法用笔、应物象形、随类赋彩、经营位置、传移模写六法衡量绘画的高低优劣，成为后世绘画创作和批评的准则，与《文心雕龙》一样，是具有划时代意义的里程碑。

六朝时的雕塑，同样源于佛像制作，采用了木雕、铜铸、石刻等多种材料和工艺。东晋义熙年间，戴逵为瓦官寺制作佛像五躯，与顾恺之绘维摩诘像、狮子国贡玉佛像并称"三绝"。南朝齐僧祐为栖霞山千佛岩石窟设计的无量寿佛等，体现出南方佛教造像艺术特征，并影响到中原佛像塑造风格。栖霞寺以上、纱帽峰以下的大片山岩，上下横列佛龛五层，号称千佛，实有佛龛二百九十四座，摩崖造像五百一十五尊，高者逾数丈，小者不盈尺。最后的石工殿中，塑造了一位擎锤持凿的石工造像。千佛崖佛像圆润精湛，生动秀丽，以其独特的风格，与同时代的北朝龙门石窟、云冈石窟遥相媲美，被誉为"江南的云冈石窟"，是中国石雕艺术中上承秦汉、下启隋唐的重要一环。

南朝梁国力强盛，死在萧衍之前的"太祖五王"萧宏、萧秀、萧伟、萧恢、萧憺，墓葬规模都很大。萧宏墓石刻兼有北朝风格，可见在南北对峙之际，文化交流并未完全阻断。最具代表性的是南朝陵墓神道石刻，麒麟、天禄、辟邪等神兽，气势恢宏，威武雄健，造型夸张，雕琢精致，达到了很高的艺术境界，对唐、宋石刻艺术产生了深远影响。尽管艺术家没有留下姓名，但一千五百年后，人们仍为他们丰富的想象力和卓越的表现力所倾倒。

中国古代科技研究中，以农学、数学、天文学和医学较为发达，都是偏重于实用的学科。其中最受统治者重视的是天文学，因为天象变化常与农业生产相关，影响其经济命脉；更因为统治者信奉"天人感应"，异常天象往往与社会政治相联系，甚至可能影响政权稳固。六朝科学家在天文学探索方面取得了令人瞩目的成就，在天文机构设立、天文天象发现、历法编制等方面，都有重大的突破或创新，成为南京天文学发展的第一个高峰时期。东晋太史令陈卓创建的全天恒星体系、虞喜计算出的岁差值等，都达到世界先进水平。明初在南京北极阁设观象台，并从元大都运来郭守敬制造的天文仪器，是世界上设置最早的国家观象台，先于英国格林尼治天文台二百九十年。天文定向技术对永乐年间郑和七下西洋的成功有重要作用。万历年间利玛窦在南京观象台看到天球、日晷、相风轩、浑天仪、简仪等天文仪器，认为其规模与设计水平远远超过欧洲。

研究天文学离不开数学，创制《大明历》的祖冲之也是杰出的数学家，他用简单的筹算工具，第一次将圆周率 π 值精算到小数点后第七位，并提出其约率22/7和密率355/113，这一密率领先欧洲一千年，为世界所公认,所以许多数学家主张把密率命名为"祖率"。国际天文学家联合会把月球上的一座环形山命名为"祖冲之环形山"。他的数学著作《缀术》直到唐代仍作为教科书。他的儿子祖暅之、孙子祖皓在天文历算上也都有成就。

祖冲之对科技的贡献是多方面的。经他改良的水碓磨延用到现代。他制造的指南车,以铜制机件传动,构造精巧,运转灵活,指向准确。

北极阁旧影,明代钦天监故址

古天文仪器

六朝时期的医药学家几乎都身兼化学家，而道教的炼丹术为其重要研究途径。道教是中国的本土宗教，正是在东晋南朝完成了经典体系和宗教形式的建构，成为影响中国古典哲学思想的儒、释、道三家之一。东晋葛洪所著《抱朴子·内篇》是研究中国古代化学史、医药学史、养生学和民俗学的重要典籍。书中对秦、汉以来三十多种炼丹文献作了提要介绍，又汇集散见的丹方、丹经，使六朝炼丹术能在一个较高的基点起步。葛洪主张道士兼修医术，否则一旦"病痛及己"，便"无以攻疗"。他编撰综合性医学著作《肘后备急方》，细述疾病种类，在诊断方法和治疗技术上也有创新，对天花、恙虫病等记述则为世界最早。

同样作为道教领袖人物的陶弘景，历时三十余年编撰《神农本草经集注》，在继承过去药物知识的同时，阐发了个人研究所得的创造性见解，对许多药物的产地、鉴别、采集和疗效说明更加准确，是对中国医药学的重大贡献。

相对于同时期中原的少数民族政权，偏处江南的东晋南朝被视为华夏正统，成为华夏文明传承中不可或缺的环节，承汉启唐的六朝文脉也就成为华夏文脉的正统。隋、唐时期建立大一统王国，南京虽失去都城地位，但是追寻华夏文明传承脉络的文人学士，无不对金陵充满向往之情。也正因为此，金陵怀古才会成为中国文学不朽的母题。

隋军平陈时对江南文献十分重视，将陈宫所藏图书典籍全部运回长安，并整理重抄，以供研读，又征召南方著名学人入朝为官，促进南、北文化交流，对隋、唐文化繁荣发挥了重要作用。继南朝沈约撰《宋书》、萧子显撰《南齐书》，唐太宗贞观年间，《梁书》《陈书》《晋书》等先后修成，高宗显庆年间又有《南史》问世。许嵩在肃宗至德年间完成的《建康实录》，对南京文脉传承有着特别重要的意义。此书于正史之外，广采遗文，对六朝人物、史事多所补正。尤为可贵的是：著者着意于保存六朝遗迹，"若土地山川，城池宫苑，当时制置，或互兴毁，各明处所"，对建康城市空间分布有细致的探索与阐述，可见出诸多史事的发生与空间环境的特定关系。六朝建康城市格局、水系在南唐建都城时发生重大变化，以致后世研究者常难究其实。而唐代长期居住南京的许嵩，所见尚接近六朝时期真相。

　　六朝古都的历史地位，沧海桑田的时势变迁，前朝得失的经验教训，当世治乱的比附感慨，激发起诗人们对金陵的情感共鸣与创作热情。而江南山川的佳丽，商贸的繁盛，风物的丰美，冶游的旖旎，更令人生流连忘返之感。无论是出生于此，居住于此，还是仕宦于此，旅行于此，甚至并未亲临此地，都能发思古之幽情。而前人的吟咏，又成为对后人的召唤。金陵怀古遂酿成中国文学的一个重要母题。

　　南京文脉，就以这样一种特殊的方式得以绵延。

前文说到李白、杜牧等人描写金陵繁会现实场景的瑰丽诗篇，当他们将目光转向历史遗迹，同样不乏杰出的怀古之作。李白的《金陵三首》，"地即帝王宅，山为龙虎盘""亡国生春草，离宫没古丘""古殿吴花草，深宫晋绮罗"；杜牧的《台城曲》二首，"门外韩擒虎，楼头张丽华""干芦一炬火，回首是平芜"，同样脍炙人口。刘禹锡在未游金陵之前，所作《金陵五题》，以石头城、乌衣巷、台城、生公讲坛、江令宅五处不同层面的历史地标，作今昔对比之咏，有"千古绝唱"之誉。尤其《石头城》一首："山围故国周遭在，潮打空城寂寞回。淮水东边旧时月，夜深还过女墙来。"据作者在诗序中说："友人白乐天掉头苦吟，叹赏良久，且曰石头诗云：'潮打空城寂寞回，吾知后之诗人不复措词矣。'""不复措词"自是夸张，千余年来吟咏石头城的佳作奇峰迭起。石头城、台城、乌衣巷成为金陵怀古的经典符号。刘禹锡在《西塞山怀古》中再次写到石头城："王濬楼船下益州，金陵王气黯然收。千寻铁锁沉江底，一片降幡出石头。人世几回伤往事，山形依旧枕寒流。今逢四海为家日，故垒萧萧芦荻秋。"游历金陵之后，刘禹锡写下了新的《金陵怀古》："潮满冶城渚，日斜征虏亭。蔡洲新草绿，幕府旧烟青。兴废由人事，山川空地形。后庭花一曲，幽怨不堪听。"金陵的山川风物依然美好，但山川形势并不能决定王朝的兴衰。

从初唐到晚唐，王勃、王昌龄、颜真卿、杜甫、张籍、白居易、元稹、张祜、许浑、李贺、温庭筠、李商隐、罗隐、皮日休、陆龟蒙、韦庄……唐代重要的诗人几乎都留下了关于南京的佳作，使南京的历史文化积淀与日俱增。

五代十国时期，南唐社会相对安定，经济繁荣，朝廷采取崇文政策，注重网罗人才，形成了良好的文化环境。南唐立国后在秦淮河畔设国子监，给监生以优厚待遇，又开科举，延揽四方学士，培植本土人才。民间私学也随之兴盛。中原士大夫纷纷前来金陵以避乱世，如成为南唐重臣的韩熙载、史虚白、张延翰、孙晟、江文蔚等。他们与江南本土文士宋齐丘、冯延巳、徐铉、徐锴等一起，营造出又一个文化昌盛的时代。南唐金陵，不仅是重要的经济中心，也成为中国的文化中心。

南唐承续金陵文脉，首先在文学上有突出成就。中主李璟和后主李煜都热心文事，重用文人，常与群臣赋诗唱和。金陵重新成为国都，而

《韩熙载夜宴图》局部

且较中原安定富庶，使得南唐诗人吟诵现世生活的热情远高于怀古，他们崇尚白居易诗风而力求新变，多清新婉丽的田园诗、吟咏性情的感怀诗、文会唱和的闲适诗，在五代十国独领诗坛风骚，有承唐启宋之功。而开一代新风的词，在南唐有划时代的突破，内容和意境上都超迈前代，对宋词的兴盛产生深刻影响。后主李煜词学造诣最为特出，被后世奉为"词皇""百代词人之祖"。王国维誉李煜之词为"神秀"，断言："词至李后主而眼界始大，感慨遂深，遂变伶工之词而为士大夫之词。"尤其是亡国后之作，"最是仓皇辞庙日，教坊犹奏别离歌，垂泪对宫娥""想得玉楼瑶殿影，空照秦淮""故国不堪回首月明中"，字字痛切，极富感染力。中主李璟词作传世虽仅数首，也达到了相当高的水准。南唐词人中作品最多的宰相冯延巳，其词作缠绵悱恻，别具一格，王国维称其"不失五代风格而堂庑特大，开北宋一代风气"。

李煜多才艺，诗词之外，于书法、绘画、音乐、佛教诸方面都有贡献。他命徐铉将内府珍藏法书汇刻为《昇元帖》，时代早于宋《淳化阁帖》，被誉为"法帖之祖"。徐铉精于文字学，书法好李斯小篆，亦工隶书。

南唐三主皆爱好书画，书画艺术上承唐代余脉，下启宋代新风，前代佳作的官府鉴藏亦盛于江南。李璟保大年间设立翰林图画院，给入院画家以优厚待遇，吸引南北名家为皇室服务，曹仲玄、周文矩、顾闳中、王齐翰、高太冲、董源、巨然、徐熙、赵干、卫贤等云集金陵。作为一种艺术组织和管理体制的南唐画院，也为此后历代王朝所承续。

南唐时期人物画、花鸟画都出现崭新面貌。周文矩所作《重屏会棋图》于画面中设置画屏，屏中有画，画中有屏，别有新意。周文矩曾与顾闳中同奉后主之命潜入韩熙载府第察看其夜生活情景，作图呈后主。现存《韩熙载夜宴图》为顾闳中所作。五代山水画中，山水不再是其他绘画题材的附属，而作为世人生活的自然环境，成为画面主体。以南唐画家董源、巨然为代表的江南山水画派，善于表现平淡天真的风景，草木丰盈，峰峦出没，风雨晦暗，各有生意。画家自觉追求"有笔有墨"，水墨及水墨淡着色山水画至此已成熟。董源、巨然后得宋代米芾推崇，又得元代赵孟𫖯提倡，明代沈周、文徵明亦从董源、巨然汲取营养，至清初"四王"竟已奉董源、巨然为画坛的孔丘、颜回。江南山水画派也因此得以一脉相承，并不断发展提高。

南唐三主皆注重收集图书文献，悬重赏以购求，设吏员为抄写，史载"宫中图籍万卷"，并经集贤殿学士徐锴精校审订。这也影响到民间藏书风气的兴起。北宋攻占金陵得藏书十余万卷，"雠校精审，编秩完具"。据马令《南唐书》记载，当时宋廷命学官校定"九经"，任事官员苦于讹误甚多而无善本对照，直到南唐藏书运到汴京，校定工作才得以顺利完成。

四 "天下文枢"

南京自六朝开始，就是一个移民城市。移民与原住民间的文化差异，碰撞融合，成为促进创新的重要动力。如果说文化传承是纵向流动，那么文化碰撞融合则是横向流动。文化固然是积淀的结果，更是流动和创新的结果。海纳百川，厚德载物。相对于封闭、单一的文化形态，开放、包容的文化形态更能促进文化的丰富与强盛。六朝如此，唐朝如此，宋、元时期同样如此。由于南京城市地位重要，任职官员中多学者名士，前来寻访古迹、游赏胜景者络绎不绝，留下诗文的一时俊彦可以排列出长长的名单：林逋、张先、梅尧臣、王安石、苏轼、秦观、贺铸、张耒、周邦彦、叶梦得、朱敦儒、李清照、陆游、范成大、杨万里、张孝祥、辛弃疾、姜夔、刘克庄、白朴、文天祥、汪元量、张炎、张可久、萨都剌、王冕……

其中一些人久居金陵以至终老于此，最典型的当数王安石，他早年在金陵求学，三任江宁知府，晚年定居半山园，去世后葬钟山。他在金陵与欧阳修、曾巩、苏轼、李公麟、米芾等交游唱和，与南京相关的作品多达三百多首。苏轼与王安石曾是政敌，但晚年惺惺相惜，他对金陵同样情有独钟，多次到访，各处游览，与清凉寺长老交往尤深。曾任溧水知县的词人周邦彦，往来金陵，作品亦多。

北宋诗人虽有金陵怀古之作，但已不像唐人那样直追史事，呈现的主要是一种情怀。更多的作品，则是现实生活、佳丽山川的书写。相比之下，南宋诗人对于金陵怀古的激情更高，辛弃疾、陆游、范成大、杨万里、张孝祥等佳作迭出。但是他们所吟咏的主旨，已不是六朝兴衰的反思，而是借古讽今，以"六代豪华""圣代规模""六代英雄""六朝奇伟"，为半壁江山的南宋朝廷打气，甚至希望朝廷能像六朝一样定都南京。待至文天祥"满地芦花和我老，旧家燕子傍谁飞"一联出，终于梦断。金陵怀古母题的这种变异，同样体现在元代诗作中。

南宋金陵怀古之作中的一个新现象，是几位多产诗人，如作《金陵百咏》七律一百首的马之纯，《金陵百咏》七绝一百首的曾极，《金陵杂兴》七绝二百首的苏泂。此类作品诗意既淡薄，史识亦泛泛，并不能以多胜少，而屡为后世所仿效，如清人王友亮《金陵杂咏》、陈文述《秣陵集》、汤濂《金陵百咏》等。

南宋景定年间知建康军府马光祖主修、周应合主纂的《景定建康志》，全面、系统、客观地记载了自越城创建至南宋景定一千七百余年间南京地区地理、历史、社会、经济、人物、艺文等多方面的史料,其完备和严谨非其他文献可比拟。与内容的丰富相应,编纂体例也随之完善,人们常说地方志是在宋代定型的,这个"型"大体上可以认定为《景定建康志》在体裁、结构、章法等方面的开拓创新。所以此书一经问世,便得到高度评价,被视为方志典范。

张铉在《至正金陵新志·修志本末》中写道:"《景定志》五十卷,用史例编纂,事类粲然,今志用为准式。"《修志文移》中也说:"窃观《景定建康志》者,地理有图,人物有传,溪山之胜靡不载,风土之宜罔或遗,可以知群贤出处之机,可以见六朝兴亡之迹,爰稽故实,殊广见闻。"《至正金陵新志》参照《景定建康志》体例,"因旧志之已成,增本朝之新创",在方志续修方面做了有益尝试,亦成为一代名志。就像研究六朝史不能不读许嵩《建康实录》、研究南唐史不能不读马令和陆游两种《南唐书》一样,研究宋、元时期的南京,则不能不读《景定建康志》和《至正金陵新志》。

宋、元时期,因为南京在经济、军事等方面举足轻重的地位,行政建置上已无法再贬抑南京。北宋初设昇州,后改江宁府,又因是宋仁宗为太子时封地而改称昇国。南宋建康府则设置行宫,成为仅次于都城临安(今杭州)的留都。元代改建康府为建康路,又因是元文宗潜邸改集庆路,始终被倚为东南重镇。

宋代一如南唐崇尚文治，天圣年间始建的江宁府学，在景祐年间迁至秦淮河北岸，即今夫子庙地区。南宋乾道年间又在今江南贡院址建造建康府贡院。夫子庙地区成为南京文教史上的新地标，几经毁建，发展为明、清时期盛极一时的"天下文枢"。南宋景定年间又相继兴办了上元县学、江宁县学等，以培育人才。官办与民间书院随之兴盛，任教者不乏著名学者。因为雕版印刷术的成熟，图书出版行业兴起，南京成为东南出版的重镇，社会阅读风气浓郁，文化素质普遍提高。

明初定都南京，南京第一次成为大一统中国的首都。太祖朱元璋重视学校教育，称吴王时即以兴学校与举农桑为治国之急务，次年利用元朝集庆路学（今夫子庙）创办国子学，作为培养选拔后备干部的基地。立国之初，明王朝即设官学，置教官，制定学官制度。洪武十四年（1381）夏，因国子学地方狭小，择地鸡笼山南另建规模宏大的新国子学，东到小营，南至珍珠桥，西抵进香河，北迄鸡笼山麓，次年三月易名国子监，五月国子监和其东侧的文庙同时落成，举行了隆重的庆典

明代太学图

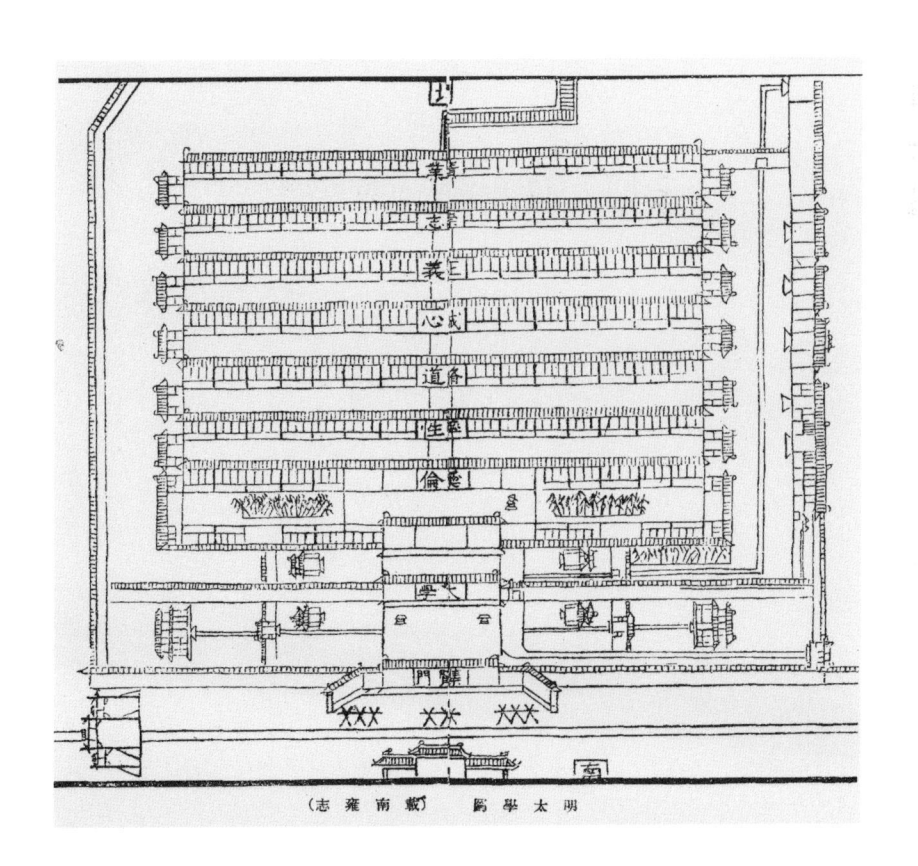

仪式。国子监的生源，主要由全国各州、县每年选送贡生，外加一些高级官员的子弟、少数民族土司子弟，以及来自日本、高丽、暹罗等国的留学生。监生经四年系统学习，尚须进行实习，时称"监生历事"，到各衙门熟悉业务，或奉命巡行州郡、稽查百司案牍、督修水利、丈田定税等，也有部分监生直接分配到中央六部或地方政府任职。监生毕业后参加科举考试，有一定的录取名额，中试概率更高。为满足政府的迫切需求，国子监不断扩招，永乐年间监生最多时近万人。作为国家最高学府，国子监发挥了培育人才、储备人才的重要作用。永乐迁都北京，新建国子监称"北监"，南京国子监称"南监"，教学之外，并出版多种书籍，因校勘严谨、刻印精良，出版史上称"南监本"，以《二十一史》最为著名。

与此同时，科举制度逐渐完善。洪武四年（1371）开始设科取士，连举三年。洪武十五年（1382）后形成制度，会试三年一科，及格者参加皇帝亲自主持的廷试（亦称殿试），中选者为进士，发榜后即可任官。明代中叶科举日盛，进士成为仕进主流，国子监逐渐衰落。

国子监迁鸡笼山后，秦淮河畔原址作为应天府学。因南京初为国都，后为南都，应天府学地位高、规模大、学生名额亦多。府学西院为孔庙。万历十三四年（1585—1586）间，应天府尹周继因科举人才日减，重理府学风水，在孔庙门前竖巨大木枋，与府学门前木枋并峙，庙前广场造聚星亭，秦淮河上建文德桥，府学后建青云楼。果然，万历十七年（1589）焦竑得中状元，是明朝立国二百多年来南京人首中状元，算是"破天荒"。接着，万历二十三年（1595）朱之蕃中状元，万历二十六年（1598）顾起元中探花。

焦竑一生博览群书，著作颇丰，在理学、史学、金石文字学、考据学、音韵学、文献目录学、哲学、佛学等诸多领域建树丰硕，有《焦氏笔乘》《焦氏类林》《国朝献徵录》《国史经籍志》等著作。他的故居所在地被称为焦状元巷。朱之蕃曾奉诏出使朝鲜，堪称中国最早的状元外交官。他为官清廉，多才艺，擅书画，受到朝鲜官民的敬慕，争相以人参、貂皮等特产换取他的书画。朱之蕃则以所得特产搜求流散在朝鲜的中国古代文物，成为中外文化交流史上的一段佳话。朱之蕃著有《使朝鲜稿》《金陵四十景图像诗咏》等，故居所在地称朱状元巷，状元府第遗存今也被定为文保单位。顾起元历任南京国子监司业、祭酒、翰林侍读学士，著有《说略》《客座赘语》《遁园漫稿》《雪堂随笔》等。《客座赘语》十卷，记述南京方言、典章、人物、地产、风习等，多涉嘉靖、万历年间社会经济、世情民俗变化，尤为后世所重。

不过，后人更相信焦竑能中状元，得益于在崇正书院的深造。嘉靖年间督学御史耿定向在清凉山东岗建崇正书院，从江南十四郡选拔优秀士人入学，遂成精英文化中心。耿定向自任导师讲学，其得意门生焦竑担任山长。南京书院兴盛一时，始建于南宋的明道书院得以恢复，在南都任职的学者湛若水先后创办了新泉精舍、新江书院、观光堂等。

清代南京书院多达近三十所，首推钟山书院。雍正元年（1723）两江总督查弼纳倡建钟山书院，后订定为省城书院。乾隆四十六年（1781）院长钱大昕定书院条约，师长由两江总督及巡抚、学政延聘，生徒由道员稽查、州县择选、布政使等再加考验，方准入学肄业，选择十分严格。乾隆年间钟山书院生徒已达数百人。主持院事的多为著名学者，如卢文弨、钱大昕、姚鼐、朱珔、胡培翚、李联琇、梁鼎芬、缪荃孙等，清末改为江南高等学堂。钟山书院藏书丰富，历任山长对书院藏书尤多贡献，而书院藏书也成为他们著书立说的便利条件。

清代影响深远的文学流派桐城派，主要领袖人物方苞、姚鼐都长期居留南京。姚鼐主持钟山书院二十年，其得意门生管同、梅曾亮、方东树、姚莹"各以所得，传授徒友"，皆成名家，梅曾亮更成为桐城文派的中流砥柱。

明初南京为首都，应天府乡试和全国会试皆在南京举行。永乐迁都后，应天府仍为南直隶首府，现江苏、安徽、上海地区的考生都要到南京应乡试。景泰年间将贡院迁至秦淮河南岸、应天府学东侧，此地遂成为全国重要的科举中心。清初改应天府为江宁府，隶属江南省，康熙六年（1667）分江南省为江苏（上海隶属江苏）、安徽二省，但科举考

《钟山书院志》中的《钟山书院基址图》

鍾山書院

试仍在南京江南贡院。经明、清两代不断扩建,江南贡院最终拥有号舍两万多间,占地面积近三十万平方米,其规模之大居全国各省贡院之首,而科举成绩也居全国之首。有清一代百余名状元,近一半是在江南贡院中举后进京会试登第的,其中有三位是南京人,即康熙三十三年(1694)状元胡任舆,乾隆十七年(1752)状元秦大士,光绪六年(1880)状元黄思永。武定桥畔的秦大士故居现已复建开放。

明、清两代,大批知识分子聚合于南京,文化艺术呈现全面繁荣,诗歌、散文、戏曲、小说、史学、科技、书画、雕刻、出版等各有非同凡响的成就。夫子庙前秦淮河岸的坊匾"天下文枢",名不虚传。明永乐年间在南京编纂的《永乐大典》,是中国历史上规模最大的一部类书,全书约三亿七千万字,并有大量白描插图,保存了十四世纪以前中国历史地理、文学艺术、哲学宗教等百科文献。它比法国狄德罗编纂的百科全书和英国的《大英百科全书》都要早三百多年。《不列颠百科全书》称《永乐大典》为"世界有史以来最大的百科全书"。

永乐迁都后,南京的戏曲创作突破此前歌功颂德的陈腐桎梏,别开生面。被誉为"乐王"的陈铎,南北曲兼擅,散曲集《滑稽余韵》以百余首小令描绘金陵各行业、艺匠的人情世态,有如一轴风俗画长卷。时称"曲坛祭酒"的徐霖,作《绣襦记》等戏曲多种,"金陵三俊"顾璘、陈沂、王韦都有剧作。侨寓金陵的潘之恒著《亘史》《鸾啸小品》,在戏曲批评史上有重要地位。明末清初，阮大铖《石巢传奇四种》、孔尚任《桃花扇》亦为世人所重。

清康熙年间，定居南京芥子园的李渔创作拟话本小说《无声戏》《十二楼》，有学者认为成就高于"三言二拍"。李渔是中国第一位专写喜剧的剧作家，在南京创作《比目鱼》《凰求凤》《慎鸾交》《巧团圆》等传奇作品，组织家庭戏班巡回表演，当时文化名流多在芥子园中观赏过李家班的演出。李渔对昆曲的发展起了不容忽视的作用。乾隆年间，李渔的作品已流传至日本，被翻译选编入书，其后又被介绍到欧洲，还被译成拉丁文。

长期寓居南京的李渔，在城南周处台附近建私家园林芥子园，经营芥子园和翼圣堂书铺，刊印自己编撰的《芥子园画谱》《闲情偶寄》及小说、戏曲等各类著作，精刻精印的《水浒传》《三国演义》《西游记》《金瓶梅》等名著，历来被视为善本。像李渔这样在小说、戏曲、美学、编辑出版、园林建筑等多方面成就卓著的文化人，在中国文化史上也是少见的。

乾隆《江南通志》中的《江宁府城图》

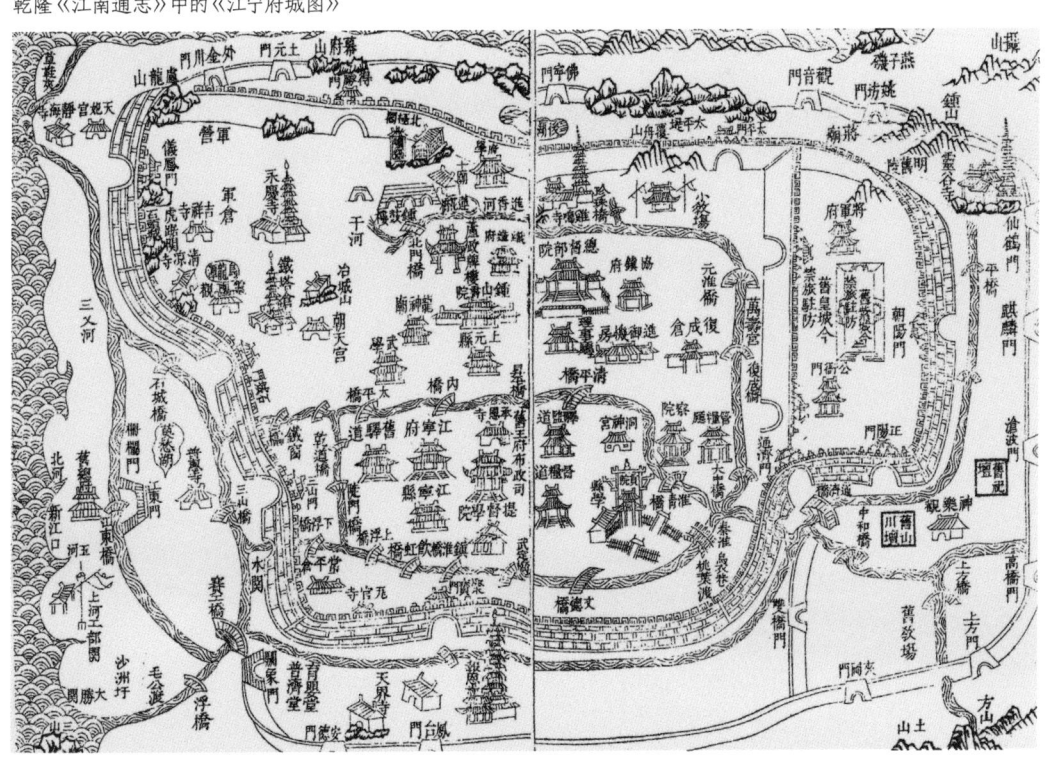

乾隆十四年（1749）前后，定居南京的吴敬梓创作完成了长篇小说《儒林外史》，这是中国古典讽刺文学的奠基之作，也是巅峰之作，甫一问世，即被传抄流传，后多次雕版印行。书中主要以南京为环境背景，山川名胜，风俗人情，市井百态，信手拈来，堪称乾隆时期的秦淮风物长卷。这部杰作经研究者一再批点品评，且被翻译成英、法、德、俄、日等多种语言，已成为世界名著。吴敬梓故居在夫子庙秦淮水亭，他去世后葬于南京。

另一部诞生于乾隆年间的古典文学瑰宝《红楼梦》，同样以南京为背景，与南京云锦有着千丝万缕的联系。从康熙二年（1662）开始，曹玺、曹寅、曹颙、曹頫三代四人先后任江宁织造长达六十余年，占清代江宁织造历史的四分之一。曹寅不但管经济，而且管文化，成为皇帝笼络江南文化人的重要代表，前朝遗老、名门望族、江南士子，都是曹家的座上宾。江宁织造署西园的楝亭，一时成为江南的文化活动中心。

《红楼梦》著者曹雪芹是曹颙的遗腹子，出生于江宁织造署内，在此度过了"锦衣纨绔之时，饫甘餍肥之日"的童年和少年时代。《红楼梦》中的重要人物多有一身云锦行头，贾府室内装饰、朝廷赏赐、民间礼品亦多用云锦。一些重要情节以云锦为要素，如《勇晴雯病补孔雀裘》一回，孔雀裘即是典型云锦制品。这自是作者自小生活于云锦环境中，耳濡目染所致。可以说：没有南京云锦就没有江宁织造曹家，也就不会有曹雪芹这位与莎士比亚、托尔斯泰、歌德、巴尔扎克等齐名的世界文豪。

乾隆年间诗人袁枚在曹家小仓山旧园基础上建造随园，寓居五十余年，创作诗歌六七千首，与赵翼、蒋士铨并称"乾隆三大家"，其著作有《小仓山房诗文集》《随园诗话》《子不语》等十余种。刊行于乾隆五十七年（1792）的《随园食单》，是清代系统论述烹饪技术和南北菜点的重要著作，也是南京开风气之先的食谱之作。书中所记载的食谱，被称为随园菜，与北京谭家菜、山东孔府菜并列为我国著名"三大官府菜"。

南京在中国文化史上的重要地位，自六朝奠定，由唐、宋而明、清，代有建树，直接影响江南以至全国的文风。时至今日，南京仍是中国读书风气最浓郁的城市之一，人均购书量始终名列前茅，南京作家群创作成就举世瞩目，堪称当代中国文学高原，凤凰出版传媒集团业绩位居世界前列，有个性的特色书店达百余家，有统计的民间读书组织达五百多个，每年举行各种文学交流与分享活动近千场。不少读书会组织丰富多彩的"阅读行走"活动，秉承"读万卷书，行万里路"传统，结合当代人的文化需求，在文学名著的阅读、分享与传播上，做出了成功的尝试，成为沟通作家与读者的良好渠道，也是"文学之都"的亮丽风景。古往今来，南京对文学的包容，南京人对文学的挚爱，都是令人感动的。2019年10月31日，南京荣膺联合国教科文组织世界创意城市网络"文学之都"称号，是全国首个"文学之都"。南京能成为"文学之都"，丰厚的历史文脉自是基础，当下的文学繁荣及成果的传播与分享，同样是重要因素。

　　自晚唐五代雕版印刷术发明以来，南京因读书风气浓厚，求学人数众多，图书需求量大，自宋代即成为中国重要的图书集散地，明代更与杭州、建阳并称全国三大出版中心，涌现了众多出版家，刊行图书品种、数量位居第一，其中不乏为人珍视的善本。而图书的普及又便利了社会阅读，成为文教发达的重要标志，且出现了许多著名藏书家。据张秀民《中国印刷史》统计，明代南京书坊达九十三家，大多集中在秦淮河畔夫子庙三山街一带。中国文化史上的许多重要经典，都是在南京刊刻成书。如李时珍《本草纲目》"金陵本"，在2010年入选"世界记忆名录"。王圻、王思义父子编纂的大型类书《三才图会》，天文、地理、人物无所不及，图文并茂，有"图海"之誉，万历三十五年（1607）由金陵槐荫草堂刊行。中国四大古典小说名著之一的《西游记》，明代话本小说经典"三言"中的《警世通言》，都是在南京初版问世。南京书坊刊印戏曲作品亦多，如梁辰鱼《浣纱记》、汤显祖《紫箫记》等，仅富春堂所刻戏曲今存尚有四十九种。

为迎合新兴市民阶层的需要，各书坊在激烈的市场竞争中，纷纷为小说、戏曲及医书、农书等配绘插图，促使版画技艺日新月异，流派纷呈，在万历年间臻于鼎盛。南京书坊运作的一大特色，是引进安徽等地的刻工、插图画家以及出版家。当时最为人称道的徽派版画名工多流寓金陵。引进人才而非引进优越的产品，无须多说，能够做到这一条，得益于南京宽松的文化环境。兼容并蓄、百花争艳，金陵派遂成版画重要流派，特别是在晚明创出饾版、拱花新技法，达到传统水印木刻的巅峰，也是世界上最早的套版彩印技术。其代表性作品是《萝轩变古笺谱》和《十竹斋笺谱》。

十竹斋主人胡正言祖籍安徽休宁，定居南京鸡笼山下。他能诗会画，懂制墨造纸，以出版为业，又精于篆刻，曾为南明弘光政权镌刻玉玺。他身边常年聚集着众多书画名家和雕版、印刷名匠，切磋琢磨，相互浸染，不仅将新安派的版刻艺术直接在南京展示，而且以商业竞争的态势，有效地促成金陵派与新安派版刻技艺的交融，推动金陵派版刻技艺的创新。他自万历四十七年（1619）开始刊刻《十竹斋书画谱》，

《十竹斋笺谱》书影

崇祯六年（1633）汇辑成册，崇祯十七年（1644）又汇印《十竹斋笺谱》，次年完成。江宁人吴发祥刊印的《萝轩变古笺谱》，已经采用了饾版、拱花技艺。《十竹斋笺谱》饾版、拱花技艺的应用比《萝轩变古笺谱》更为成熟，且增加了"掸"的手法，更丰富了墨色深、浅、干、湿的变化，能最大限度地重现绘画效果。郑振铎先生高度评价此谱"臻往古美术图案之绝诣""集当世文士清玩之大成"。

清初山水画家龚贤以明遗民身份隐居南京，作品大多取材于身边自然景观。他概括山水画技法为笔法、墨气、丘壑、气韵四方面，尤强调丘壑的奇而安，达到实境与幻境的统一。与同时活跃于南京画坛的樊圻、高岑、邹喆、吴宏、叶欣、胡慥、谢荪等遗民画家，以书画相酬唱，史称金陵八家、金陵画派。龚贤为八家之首，成就也最大，他晚年隐居虎踞关下半亩园，今清凉山扫叶楼有龚贤纪念馆。

龚贤的学生王概，画风亦似龚贤，其兄王蓍、弟王臬也都能画。王概在绘画史上的大贡献，是为李渔芥子园编绘《芥子园画谱》，康熙十八年（1679）以雕版套色彩印出版第一集，后又编成第二、三集。第一集篇首的《青在堂画学浅说》，综述画理、画法，指引学画者循序渐进之路，并强调重品、去俗，即提升道德品格与人文素养，实为全书的指导思想。书中又有多种言简意赅的口诀，于初学者大为便利，因而成为流传最广、影响最大、版本最多、印量最巨的中国画教材。

《芥子园画传》书影

南京传统出版的殿军是金陵刻经处。太平天国占领期间，南京出版业遭灭顶之灾。清同治三年（1864），曾国藩创建金陵官书局，精校精印经典古籍。两年后，近代佛教复兴奠基人杨仁山创办金陵刻经处，是当时第一个集收藏、雕版、印刷、流通及研究于一体的佛学机构，在中国近代思想史上有重要影响，也是延续中国传统雕版印刷技艺的基地。晚清、民国年间，许多文化名人捐款请金陵刻经处代为雕印佛经，影响最大的是鲁迅先生曾捐刻《百喻经》。为金陵刻经处雕刻经版、佛像的姜文卿，也常为刘承干、缪荃孙、吴梅、卢前等学者雕印书籍。

金陵刻经处作为蜚声海内外的汉文佛教经典出版机构，现收藏有佛教经版十二万五千块，是全国佛典图像雕版的总汇。金陵刻经印刷技艺于2009年9月成功入选联合国《人类非物质文化遗产代表作名录》。

金陵刻经处雕印佛像

佛弟子華岳秋岳氏發囑
光緒四年金陵刻經處鋟板

五　秦淮烟月

　　从明代中期开始，秦淮河畔的江南贡院成为今江苏、安徽、上海地区的乡试考场，每届应考者常多达两万人，加上随员仆从，以及来赶科场生意的商人，一时聚集不下四五万人。《儒林外史》中一些脍炙人口的场景，如周进哭考场，就发生在江南贡院。擅编"墨卷"的马二先生们，也以夫子庙、三山街一带为活动中心。

　　乡试三年一度，八月举行，称"秋闱"，但古代交通不便，外地考生多在春节后即前来南京，往往需逗留数月，甚至提前一年即到南京复习备考。在南京，一则可以读到马二先生们选评的"墨卷"之类辅导材料，二则可以拜访名师求教，三则可以通过考生间的交流切磋提高应试能力。数以万计的外来应试人群，长期居留，衣食住行，游学交际，方方面面的生活需要，促成了以江南贡院为中心的一条龙"科举服务行业"，可以说是相当成熟的第三产业。民国年间夏仁虎《秦淮志》中介绍秦淮商市，尚专列出"考市"一目："东牌楼沿秦淮东岸，北抵学官、贡院，南达下江考棚，大比之年，商贩云集。凡考试所需，图书而外，各县著名文玩物产，若歙之笔墨，宣之纸，歙之砚，宜兴之竹刻、陶器，金陵之刻瓷，乃至常之梳篦，苏之糖食，扬之香粉，可以归贻细君者，鲜弗备。名之曰考市。"不但保障考生应考用品、日常休闲，连带回家送妻子的礼品都考虑到了。

秦淮河两岸河房、园墅鳞次栉比，图书、文玩的兴盛，茶楼、酒馆的密集，画舫、灯船的繁华，船菜、茶点的精致，以至"秦淮八艳"的盛名，显示出了从业者的文化素养，所以吴敬梓用一句富于诗意的语言作概括："金陵菜佣酒保，都有六朝烟水气。"清末废科举以后，这一行业顺利转型，成为文化娱乐和旅游服务业。应该说这是一种非常难得的传统。今天我们尚能目睹耳闻的秦淮文化，从街巷肌理、建筑格局、民风节俗，到传统商业、手工业和服务业，仍或多或少地存留着历史的痕迹。

明代末年，作为明王朝的南都，弘光小王朝的都城，南京爆发了一幕幕慷慨激昂的爱国热潮。其中的主角，除了学者文士，还有一个特殊的群体，即秦淮名妓。在那种时代氛围的感召下，女性的情绪更容易被调动起来，以为自己的香肩真的承担着救国救民的使命。改朝换代多年之后，残明一代的兴亡故事仍令文人墨客不能忘情，各自寻找自己的倾诉方式。于是，亲历者余怀写出了《板桥杂记》，被推崇为青楼文化史的经典体例。除了直接与其挂钩的《续板桥杂记》《板桥杂记补》之外，后世仿作不断，可以列出长长的一串"板桥系列"。仅关于南京的，就还有《秦淮画舫录》《画舫余谭》《白门新柳记》并《补记》《白门衰柳附记》《秦淮花品》等。清代乾隆年间，"长桥选妓"仍是"金陵四十八景"之一，其实当时长板桥已经不存。后继者孔尚任写出了《桃花扇》，自矜为"南都信史"，被戏剧界认为可与洪昇《长生殿》齐名，赢得"南洪北孔"之誉。

"秦淮八艳"的产生，亦属中国传统文化的一大特色。与西方色情场所活动不同，中国古代文人骚客光顾青楼，往往将青楼作为文化交际的一种场所，甚至将青楼女也作为艺术交流的对象。与此相应，名妓们争相提高文化素养，歌舞弹唱、琴棋书画已不足为奇，甚至吟诗作赋也能不让须眉。青楼内供应的茶酒果肴、出售的器具玩物，都堪称精雅，价格奇高。青楼女赠送客人的小信物，也绝不俗气。

南京的青楼女风雅，当然不是到晚明才开始。但由于《板桥杂记》的渲染，特别是"秦淮八艳"的风传，使得此前此后的名妓都失去了光辉和神采。《板桥杂记》对与贡院隔河相望的青楼风情作直接写照。文人雅士沉湎于"妖冶之奇境，温柔之妙乡"，会旧友，结新知，开诗会，以至于评说时政，商讨国事。那一种扭曲的情境中，名士教青楼女作文赋诗，抬高青楼女的身价，同时也通过青楼女沟通信息，联络同好，直到利用名妓衬托抬高自己的声望，诚所谓"美人名士，相得益彰"。《儒林外史》中写一个书呆子，作了诗想方设法去求取某名妓的褒奖，后人以为这是吴敬梓的幽默，其实那在当时不足为奇。在明末清初那数十年间，这一种"名妓效应"，最为突出。

"秦淮八艳"这个名目，很可能肇源清代咸丰年间进士叶衍兰所作《秦淮八艳图咏》，咏的是晚明八位风尘女子：痴心才女马湘兰，侠肝义胆李香君，风骨嶙峋柳如是，侠骨芳心顾眉生，艳绝风尘董小宛，长斋绣佛卞玉京，风流女侠寇白门，倾国名姬陈圆圆。"才""侠""风骨"之类词语如此密集地出现，就已经颇有传奇的味道。

不过这一名单，与余怀所见颇有差异，遗漏了《板桥杂记》重点描述的尹春、李十娘、葛蕊芳、顿小文、王微波诸人，尤其王微波，曾在崇祯年间的秦淮花榜评选中名列第一。余怀笔墨不及陈圆圆、柳如是，因为陈圆圆沦落风尘、选送北都，皆是姑苏韵事，柳如是流连秦淮河畔是在嫁钱谦益之后，已是尚书夫人的身份。二人实与秦淮艳事并不相干。"秦淮八艳"中，余怀曾亲近颜色的，有顾眉生、董小宛、卞玉京、李香君、寇白门五位。马湘兰因早在万历年间已去世，余怀很惋惜没能见到她。

钱谦益在《列朝诗集小传》中，为马湘兰作了一篇约七百字的传记，大大超过了许多知名诗人，可见偏爱之情。马湘兰"善画兰，故湘兰之名独著",据说连暹罗国的使者也购求她的画收藏。她相貌平常,但性格开朗,嗓音婉丽,又善于察言观色,让人容易把她视为红颜知己。她喜欢和年轻男子交往,不时挥金以赠少年,据说她五十岁时,还有二十岁出头的少年郎想娶她回家。

自从马湘兰开了这个头,秦淮名妓多有反赠金银给相好的,而骚人墨客也将其形容为"行侠仗义"。仅"秦淮八艳"中,赢得"侠"名的就有李香君、寇白门、卞玉京、柳如是等四位。

与马湘兰同时诗名不相上下的,有赵今燕、朱无瑕、郑妥娘,曾有人集四人诗作,编为《秦淮四美人选稿》。四人中郑妥娘肯定活到了清初,被孔尚任在《桃花扇》中讥为"老妥"。可见在当时,美人白头,未必是幸事。

马湘兰的入幕之宾王稚登曾说:嘉靖年间,南京旧院中"诸姬著名者,前则刘、董、罗、葛、段、赵,后则何、蒋、王、杨、马、褚,青楼所称十二钗也"。不知道"金陵十二钗"的出处,是不是就在这里。曹雪芹早年生活于南京,即使不曾听说这段掌故,也应该是能读到这一节文字的。

马湘兰的养女马晁采,活跃于明末清初。钱谦益《金陵杂题》中写到她:"一夜红笺许定情,十年南部早知名。"她原与刘伯温后裔有婚约,又被阮大铖看中,阮大铖成了南明弘光朝的兵部尚书,马遂弃刘而从阮。时人陈煌图有《竹枝词》讥嘲："旧院名姬马二娘，当筵一曲断人肠。岂知帅府抛红豆，别却刘郎嫁阮郎。"到清初黄虞稷写《秦淮竹枝词》时，"旧院门前春草齐，马湘兰屋作招提。朱楼画阁征歌地，半是瓜畦半菜畦"，一代名姬的香闺已成佛寺，风流艳歌之地化为菜圃。画《芥子园画谱》的王概也在《秦淮竹枝词》中惋叹："脂粉堆边人种菜，可怜春老菜花开。"

"秦淮八艳"这样的名妓集群产生于南京，而不见于其他地区，与南京在明代的特殊地位紧密相关。一则永乐迁都后，南京仍是法定的南都，有完整的六部系统，但南都六部官员多属闲职，有足够的时间着意于文事。二则悠久的人文荟萃传统和江南乡试的考场所在，使南京成为当之无愧的文化中心。三则晚明国事日非之际，江南文人党社已有力量直接干预上层统治集团的决策，南京在某种意义上成为持不同政见者的聚集中心。南京经济中心的地位，商业和手工业发达带来的城市繁荣、生活奢侈，也具有强烈的吸引力。特别是随着明中期资本主义的萌芽，私营取代官营成为社会生活各领域的普遍现象。南京兴盛的出版业全属私营书坊，各种手工技艺同样是私家坊铺，就连娼妓也不例外。

《板桥杂记》里提到的旧院，即隶属于教坊司的富乐院是官办青楼，所辖官妓最初的来源，一是元代官兵的妻女，直到晚明尚有顿小文、脱十娘等后裔。清初王士禛《秦淮杂诗》之三："旧院风流数顿扬，梨园往事泪沾裳。樽前白发谈天宝,零落人间脱十娘。"一是罪臣的妻女,如建文朝臣黄子澄、铁铉、卓敬的妻女。张鹏翀《忠烈祠黄公夫人血影石》之二:"诏旨初颁配象奴,断碑遗恨血模糊。于今片石重昭揭,莫误青溪祀小姑。(初隐其名为小姑祠)"章学诚曾指出:"前朝虐政,凡缙绅籍没,波及妻孥,以致诗礼之家,多沦北里。"同时《大明律》有明文,官员宿娼"杖六十",弄不好就死在刑杖之下,官员子弟亦同此例,连拉皮条的"撮合人"也要受重罚。所以官员对青楼不免敬而远之,更不会费心经营。万历年间私娼一兴起,很容易就将官妓淘汰出局。出于习惯,私娼选择的经营地点主要仍在旧时富乐院周边,这一片红灯区也就被统称为旧院。明代中叶以后的江南娼妓业,以南京为中心,"苏帮""扬帮"齐聚南京,也就不奇怪了。

"秦淮八艳"名重一时,所交往的也都是当世名人,有的不仅是文坛领袖,而且是重要的政治活动家。马湘兰是吴中文坛巨擘王穉登的红颜知己。柳如是所嫁的钱谦益,顾眉生所嫁的龚鼎孳,卞玉京相好的吴伟业,并称"清初三大家",钱谦益更被誉为"文坛祭酒"。钱谦益、龚鼎孳入清后都任高官,吴伟业应诏入京参修《明史》。董小宛所嫁的冒辟疆,李香君所嫁的侯朝宗,是明末重要政治社团复社的骨干,名列"明末四公子"。寇白门所嫁的朱国弼,是明王室成员,据说娶亲时,"令甲士五千,俱执绛纱灯,照耀如白昼"。而陈圆圆据说先与冒辟疆交好,后被买去献给崇祯皇帝,皇帝不受,遂嫁与重臣吴三桂,又被李自成所掠。正因为"秦淮八艳"的归宿如此,遂形成一种引人注目的群体优势。

然而,这些男性虽居高位、负盛名,却未必是忠贞志士,一旦改朝换代便纷纷改换门庭。于是亡国之前的"尤物",亡国之后便成了"祸水"。做了贰臣的龚鼎孳,大言不惭地将降清之责推给顾眉生,说"我本欲死节,奈小妾不肯"。龚、顾一段姻缘,曾经也是秦淮河畔的风流佳话,自此遂成丑闻。龚鼎孳到京师去赴任,原配童夫人不愿随行,而且说:"我在明代曾两次受封。以后本朝的恩典,就让给顾太太吧。"顾眉生因此得到了清代的诰封。而她后来为人所诟病,不在于妓女出身,正在于她竟接受了清代的诰封。

这也是中国古代文化的特色之一,每当国家的政事弄到不可收拾时,总能发掘出"误君祸国"的女人来,自妲己以降,几乎无代无之。到了"秦淮八艳"这一代,成为"祸水"的不再是狐媚深宫、擅权乱政的后妃,而换成了浪迹市井的妓女。

"秦淮八艳"中,最得当代文人青睐的,无疑是学识才艺卓绝的柳如是。20世纪80年代,随着陈寅恪先生的"出土",《柳如是别传》也常被人挂在口边。其实众人的兴奋点,只在她与钱谦益的关系。柳如是一生事迹,有两件令人深慨。一是清军下江南,她劝钱谦益殉国,这当发生于南京，结果是钱谦益率众臣开城门请降。一是钱谦益死后，她以死相殉。纵观柳如是所选择的追求对象，从宋征舆到陈子龙再到钱谦益，其文化地位明显趋高。这是她深层性格的体现。达到生命的高点后，她绝不会容许自己再走下坡路。"一死何关青史事"，即使没有钱氏族人的相逼，在钱谦益死后，柳如是仍然会选择烈死，而不会选择苟生。历来学人对柳如是的评价，都高于对钱谦益的评价。

"秦淮八艳"中，最为市民百姓所熟悉的当数李香君。这与从戏剧到电影又到电视剧的《桃花扇》分不开。孔尚任自谓《桃花扇》"借离合之情，写兴亡之感，实事实人，有凭有据"，长期被人视为"南都信史"。除了专治明史者，中国人对于明亡清兴那一段历史，特别是对短命的弘光小朝廷的了解，或多或少都会受到《桃花扇》的影响。于是李香君遂成了"秦淮八艳"中领袖群伦的人物。"秦淮烟月无新旧，脂香粉腻满东流，夜夜春情散不收"，也就成了十里秦淮的标配。直到今天，秦淮河畔还开放着一座托名的李香君媚香楼。

与余怀身为明遗民不同，孔尚任是孔子第六十四代孙，康熙年间在御前讲经，受到清圣祖褒奖，破格授任国子监博士。他立意以"明末四公子"之一侯方域和"秦淮八艳"之一李香君的悲欢离合为主线，表现东林、复社党人与权奸马士英、阮大铖之间的斗争，揭示弘光小朝廷的政治腐败和溃亡之因。孔尚任利用在淮扬任职的机会，寻访南明旧地，结交前朝遗民，包括同为"明末四公子"、娶了"秦淮八艳"中董小宛的冒辟疆，亲历弘光朝事的杜濬，《板桥杂记》的作者余怀。康熙二十八年（1689）七月，他专程前来南京，乘画舫游秦淮河，过明故宫，拜明孝陵，游青溪，上虎踞关访明遗民画家龚贤，上栖霞山白云庵访前锦衣卫千户、道士张怡，也就是剧中的老道张瑶星，搜集了丰富的创作素材。《桃花扇》在康熙三十八年（1699）完稿，即广为转抄流传，据说曾得清圣祖赞赏，康熙四十七年（1708）刊印出版，屡有翻印。《桃花扇》在晚清被革命义士借以颂扬民族气节，激励反清精神，抗日战争时期又被改编以讽刺汉奸汪精卫之流，激励抵御侵略的民族精神，都说明其成功更在于政治意义。

或许正因为《桃花扇》"南都信史"的声名太大，启蒙思想家、史学家梁启超才从历史辩证的角度批注《桃花扇》，严谨辨析剧本中人事的真伪，不时提醒读者"此并无本事可考""勿作真实观"，有时忍不住拍案而起："既作历史剧，此种与历史事实太违反之记载，终不可为训。"对于《桃花扇》中的诬杨文骢为马、阮走狗，后"弃官逃走"，讹史可法南逃"沉江"等，梁氏都表示了坚决的否定。在他之前和之后，都没有人对某一部历史剧进行过如此详尽的史事注释工作。我们可以说梁启超所作的，既不能算戏剧研究，也不能算历史研究，但我们也可以说：能像梁启超这样既有历史学家底蕴，又有戏剧家才华的学者，也太少了。

孔尚任于"秦淮八艳"里独选中李香君作为他的戏剧主角，不是没有原因的。"秦淮八艳"的经历，都不乏戏剧性，李香君在其中并不突出。论波折跌宕，首推陈圆圆；论柔情侠骨，首推董小宛；论才情色艺，首推顾眉生；论气节学识，首推柳如是。但是要写这些人，在艺术上特别是政治上，都有其不易处理的地方。写陈圆圆，就必然涉及清军入关史事，涉及对吴三桂的评价，而此时吴三桂已由清朝的开国功臣，沦为"三藩之乱"的首恶。写柳如是和顾眉生，就必然要牵扯钱谦益和龚鼎孳这两位降清重臣，无法回避清王朝对他们的微妙态度，而且钱、龚二人在政坛和文坛上举足轻重的地位，也使人难以作较大的虚构。写董小宛就更麻烦，当时已有董小宛即董鄂妃及顺治出家的流言，为清廷所深深忌讳。这些都是身在清王朝统治下的孔尚任无法解决的困难。

只有李香君最为合适。首先，她与侯方域们的对立面，是南明小朝廷的权奸，是南明政局的腐败，其冲突斗争不管表现得多么慷慨激昂，都与清王朝完全无碍，"桃花扇底送南朝"，在某种意义上恰证明了明王朝灭亡的必然性和清王朝得天下的合理性。其次，侯方域在明朝虽是世家子弟，入清后地位卑微，中了一个举人还是副榜，尽可以随意改变他的人生轨迹。而拉来作陪衬的杨文骢，被孔尚任写成小丑，在剧中受尽奚落。其实杨文骢在清军南下之际转战江南坚持抗战，兵败后与夫人方芷生双双以身殉国。据说李香君听到此事，大为感慨，请侯方域为方芷生作传，侯方域竟没有答应。

无论"秦淮八艳"曾如何声名大噪，毕竟是女性被凌辱被伤害的命运，今天都不应该再粉饰为秦淮文化的亮点。

2017年，依凭江南贡院建成的中国科举博物馆成为秦淮河畔的一大新景观。当年"科举服务行业"如何成为南京的一大支柱产业，又如何转型为旅游服务行业，倘能认真探讨，对于提升今天的秦淮文旅事业，应该也会有所启示。

六　明、清繁会秦淮岸

明人仇英《南都繁会景物图卷》中,以秦淮河为轴线,描绘了两岸招幌分明的百余家店铺,身份不同的千余个人物,生动形象地呈现出明中期南京繁荣、富庶、闲适的市井生活景象。虽然绘画不等于现实,但那种氛围当是可信的。通过同时期的文献记载,可以对明代南京市井风情有更准确的理解。

今天所能看到的南京古城格局,主要形成于明初建都以后。以明故宫为核心的政治中心区位于城东,而居宅、商铺密集的经济中心区,仍处于城南"十里秦淮"两岸,也就是今人常说的老城南。老城南街市坊铺林立,繁华商市区自六朝到南唐以至宋、元的发展脉络十分清晰,前文已做介绍。这里只说明、清两代的景况。

明代南京市井,有两个典故至今为人所乐道,一是明太祖朱元璋建"十六楼",关乎商业和服务业;一是"城南十八坊",关乎手工业作坊的分布与运营。

"十六楼"初见于明初编撰的《洪武京城图志》，书中有一幅《楼馆图》，标示了十六楼（除叫佛楼外）的所在位置，楼间并绘有规模较小的客店。又有文字说明："江东楼，在江东门，西对江东渡；鹤鸣楼，在三山门外，西关中街北；醉仙楼，在三山门外，西关中街南；集贤楼，在瓦屑坝西，乐民楼南；乐民楼，在集贤楼北；南市楼，在三山街皮作坊西；北市楼，在南乾道桥东；轻烟楼，在江东门内西关南街，与淡粉楼相对；翠柳楼，在江东门内西关北街，与梅妍楼相对；梅妍楼，在江东门内西关北街，与翠柳楼相对；淡粉楼，在江东门内西关南街，与轻烟楼相对；讴歌楼，在石城门外，与鼓腹楼并；鼓腹楼，在石城门外，与讴歌楼并；来宾楼，在聚宝门外来宾街，与重译楼相对；重译楼，在聚宝门外，与来宾楼相对；叫佛楼，在三山街北，即陈朝进奏院故址，宋改报恩光孝观，今即其地，为叫佛楼。"后人所记十六楼楼名，

《洪武京城图志》中的《楼馆图》

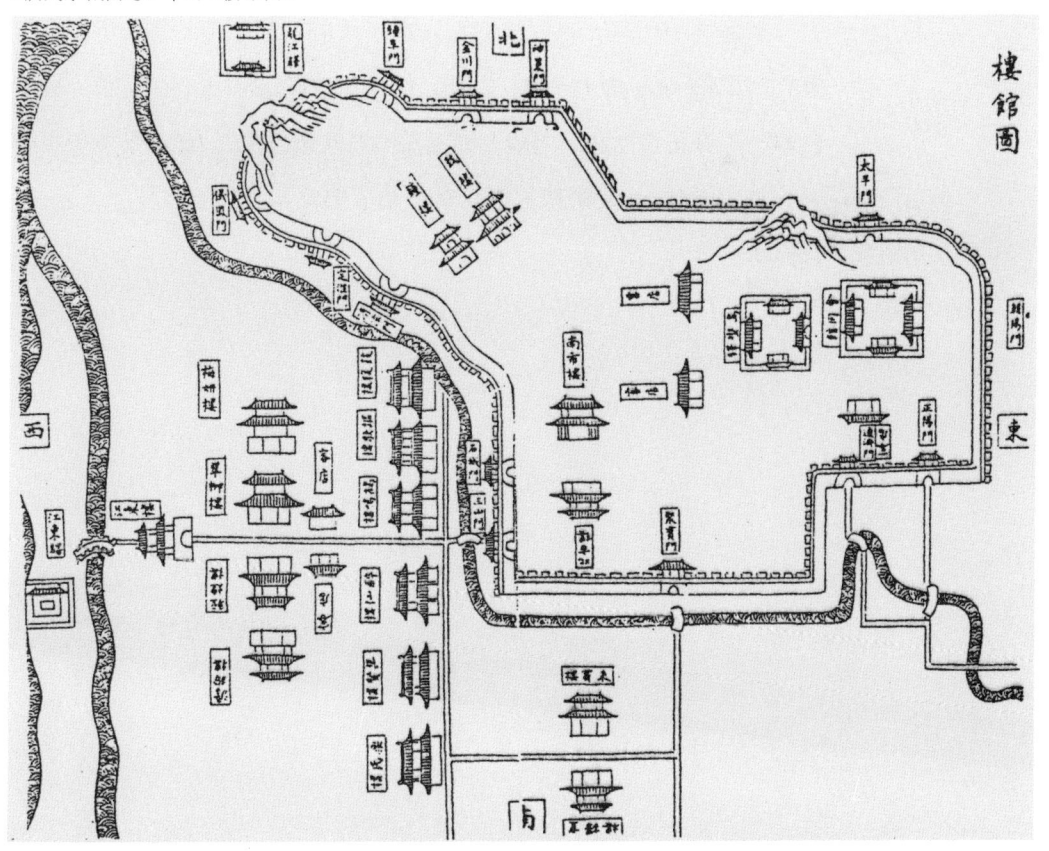

与此或稍有相差。嘉靖《南畿志》卷四《城社》述"市之楼",仅列出十四楼名,缺叫佛楼、江东楼,或当时已不存。万历《五杂俎》中增添清江楼、石城楼,以凑足十六楼。而诗歌中出现"十四楼""十三楼"以至"十二楼",则很可能是韵律的需要,不足为据。

杜泽《洪武京城图志序》中,明确说到"如十庙以祀忠烈,十楼以待嘉宾,此皇上之所经制也"。十六楼也被归在《楼馆》卷的"酒楼"条目之下,所以其功能无疑是酒楼和宾馆。《明太祖实录》卷二百三十四记洪武二十七年(1394)八月庚寅事:"新建京都酒楼成。先是,上以海内太平,思欲与民偕乐,乃命工部作十楼于江东诸门之外,令民设酒肆其间,以接四方宾旅。其楼有鹤鸣、醉仙、讴歌、鼓腹、来宾、重译等名,既又增作五楼,至是皆成,诏赐文武百官钞,命宴于醉仙楼。"明确称其为"京都酒楼",并且在楼成之日,给文武百官发"消费券",命他们到醉仙楼去欢宴。至于《明太祖实录》止言十五楼的原因,是北市楼建成即被焚毁。现中华门外西街原来宾楼址附近尚存明初瓮堂,即当时的浴室,亦属公共服务设施。

然而晚明以来,十六楼却被说成了妓院。谢肇淛《五杂俎》卷三载,"太祖于金陵建十六楼,以处官伎""盖当时缙绅通得用官伎,如宋时事,不惟见盛时文网之疏,亦足见盛时欢乐之象"。此话未免信口开河。前文说过,《大明律》严禁官员及子弟宿娼,违者"杖六十",有性命之忧,连"撮合人"都要受重罚。顾起元《客座赘语》卷六《十四楼》:"国初,市之楼有十六,盖所以处官妓也。"但他承认这说法只是猜测:"今独南市楼存,而北市在乾道桥东北,似今之猪市,疑刘辰《国初事迹》所记富乐院,即此地也。"看顾起元在同书所列出的南京诸志书目,他应该是未见到《洪武京城图志》,所以弄错了,因《楼馆》卷中另有"富乐院"条目:"一在武定桥东南旧鹿苑寺基,一在聚宝门外东街",十六楼没有一幢在此范围之内。

余怀在《板桥杂记·序》中写道:"洪武初年,建十六楼以处官妓,淡粉、轻烟,重译、来宾,称一时之盛事。自时厥后,或废或存,迨至百年之久,而古迹浸湮,存者惟南市、珠市及旧院而已。南市者卑屑所居,珠市者间有殊色,若旧院则南曲名姬、上厅行首皆在焉。"因为晚明尚存的南市楼成了低档妓院,他遂将十六楼都误认作妓院。其实《洪武京城图志》中所记武定桥东南的富乐院,正是余怀所述旧院位置,旧院即旧富乐院的简称。珠市则在内桥旁,都与十六楼不相干。

从十六楼所处的位置看,只有叫佛楼和南市楼、北市楼在明都城内,位于商业繁华区评事街东、西两侧。城南聚宝门外有来宾楼和重译楼,位于今西街一带。其余十一座都位于都城西垣外秦淮河畔,三山(今水西门)、石城(今汉西门)、清凉门外,也就是由水路进出南京城的交通要道上。尤其是秦淮河出城的西水关一线,都城三山门至外郭江东门之间,已发展出西关中街、西关南街、西关北街三条街市,集中了江东、鹤鸣、醉仙、轻烟、淡粉、翠柳、梅妍七楼。这也证明它们确属"待嘉宾"的酒楼,"接四方宾旅"的旅舍。朝廷的重要活动常安排在这一带,如永乐十年,赵王朱高燧回北京,皇太子亲送至江东门。上表朝廷或接受皇帝诏书,都在江东门和三山门、石城门。

十六楼是明初一系列官办商业服务设施中的一项。

明初南京城市人口多达近七十万人,尤其是王朝首都所在,庞大的消费群体促成了活跃的商贸经济。因首都功能而建设的通往全国各地的水陆干道,同样成为商业运输路线,在永乐迁都之后更偏向于民间商用。本为通军情、运军需而设的驿站、递运所,到明代中期管理松弛,官吏受商人收买,也逐渐演变为商品运输渠道。便捷的水陆交通网络,既利于南京商人外出采购,也利于各地商人前来交易,对南京商品集散中心的发展起了重要推动作用。

与此相应,官方又在南京城内外设立了多处驿馆、客店和塌坊(货栈),以方便客商居留和货物聚散,并明文规定了税率和租费。《洪武京城图志》中绘出驿馆四处,除会同馆和乌蛮馆是接待"四方进贡使客"外,"龙江驿,在金川门外大江边,江东驿,在江东门外大江边",用于接送、招待官员和转运物资。朝廷祭祀用的神帛和鲟鱼都由江东门入城。又有客店四处："一在长安街口，一在竹桥西，一在通济街口，一在江东门内南、北街，以待四方客旅。"另有"来宾街市，在聚宝门外，竹木柴薪等物所聚。龙江市，在金川门外，柴炭等物所聚。江东市，在江东门外，多聚客商船只，米麦货物。六畜场，在江东门外，买卖马牛驴骡猪羊鸡鹅等畜""上、中、下塌坊，在清凉门外，屯卖缎匹、布帛、茶、盐、纸、蜡等货。草鞋夹，在仪凤门外江边，屯集筏木"。并专设济州卫保护江东门和石城门。

同时，城内也形成了多个专业商品市场："大市，在大市街，旧天界寺门外，物货所聚。大中街市，在大中桥西。三山街市，在三山门内，斗门桥左右，时果所聚。新桥市，在新桥南北，鱼菜所聚……北门桥市，在洪武街口，多卖鸡鹅鱼菜等物。长安市，在大中桥东。内桥市，在旧内府西，聚卖羊只牲口。"大市街在今张府园附近，近年考古曾发掘出明代大市桥遗址。内桥市卖羊只牲口，其北面的桥即被叫成羊市桥，后来附近又衍生出一个羊皮巷。北门桥南有鸡鹅巷，北有鱼市街。

从上文所列市场可以看出几个特点：一是傍水邻桥者多，说明当时货运主要依靠水路；二是有十处集中在城南与西郊，城北只有三处；三是当时都城西垣仪凤门、石城门到三山门之外，外秦淮河沿线，分布着众多水陆码头，是重要的商品集散地，也是繁华闹市的外延区。这与十六楼中有十一楼分布在这一带是一致的。

官营楼馆衰落之际，另一类专供同乡集会、聚居，并为同乡提供一定帮助的社会组织出现，就是以同乡为主体的工商业会馆。会馆由流寓南京的各地客商分别建造，以保护同乡工商业者利益为主旨，多具有资金互助、救死扶伤、赈济贫困等民间救助功能，同时也可以通过会馆力量抵抗市场中不公平、不合理的现象。随着明代中期江南资本主义萌芽，商贸经济的繁荣，南京工商业会馆也趋于兴盛，至清代中期达到顶峰，经太平天国战乱，在同治、光绪年间又有一个复兴的过程。

现在可以查考到的南京明、清会馆尚有近四十处，都分布在城内十里秦淮两岸及外秦淮河沿线，与繁华商业区高度叠合。如三山街至水西门的升州路一线，就有安徽会馆、太平会馆、旌德会馆、旌阳会馆、洞庭会馆、江西会馆、湖北会馆、全闽会馆、山西会馆、山东会馆、中州会馆等十余处。赛虹桥至上新河外秦淮河沿线，有三楚会馆、崇明会馆、临江会馆、江汉会馆等。以地域而言，则安徽商人势力最大，所建会馆多达十余所，经营行业主要是木材、粮食、典当等。江西商人经营瓷器、苎麻、图书等，评事街江西会馆门前有一座瓷砌花楼，十分壮观，民国老照片上尚可看到。其周边商铺经营瓷器、苎麻的占了一大半。江、浙商人多经营丝、绸、布匹，福建商人多贩运南货、洋货，山西、陕西商人多贩运皮草，河南商人多贩运煤炭。

各地商人不但经济实力强大,而且经常参与各种社会文化活动。明初富商沈万三曾助修南京城墙三分之一。康熙、乾隆历次南巡的接驾中,都有南京商人的影子,且曾直接承担过乾隆游栖霞时的接待。各会馆也常举办戏曲演出,以至组织各戏班带有比赛性质的会演。

"城南十八坊",常被民间作为南京老城区的代称。

在明初首都建设时期形成的"十八坊",时移世迁,同样经历了一个从官办到私营的变化过程。

南京里坊始于六朝,坊名多属吉语雅词,如永昌、凤凰、中兴、建兴、崇孝、化义、归仁、太清等。唐、宋以降,有些坊名虽被沿用,已渐成街市。明代建都之际,不少古坊被改换成实用性的名称,如《洪武京城图志》所记,广艺街旧名细柳坊,务公街旧名青溪坊,杂役三坊旧名建业坊,银作坊旧名金陵坊,皮作坊旧名评事街等。

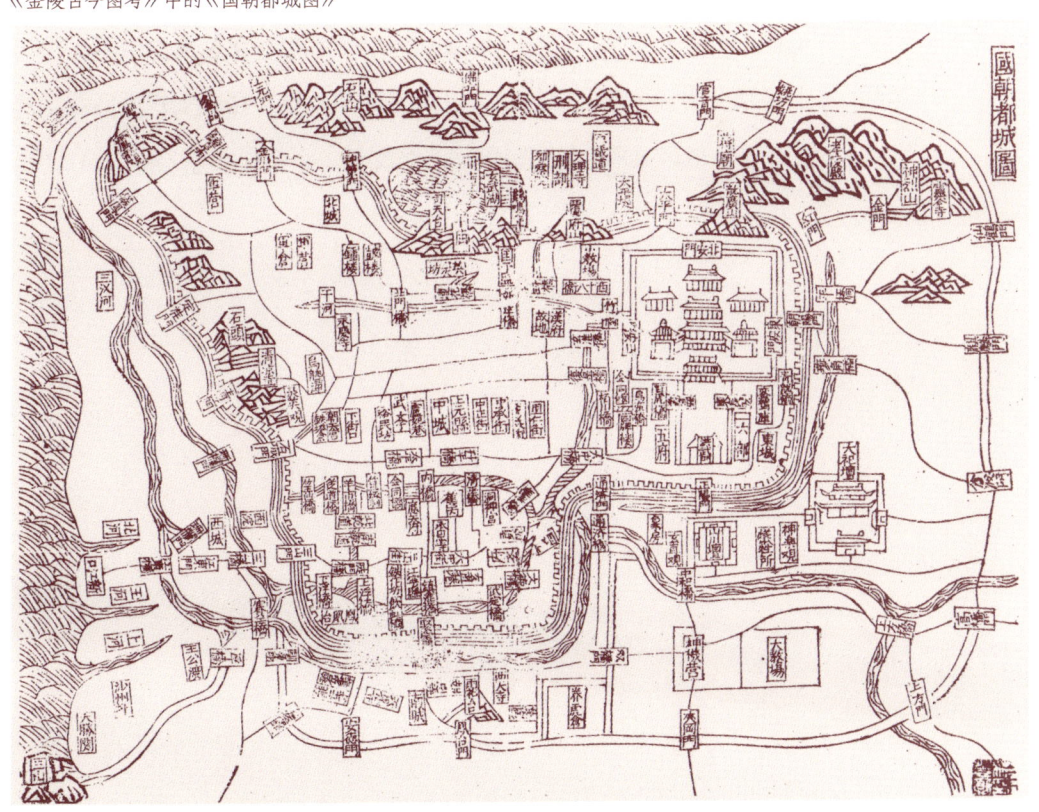

《金陵古今图考》中的《国朝都城图》

不过,"城南十八坊"的来源,并非来自这种零散地改名,而是出于明王朝的统一规制。正德《江宁县志》卷五《坊乡》记载,明代的坊,实有两种,一种属于商市,如颜料坊、毡匠坊之类;另一种则是隶属于工部的民间工匠户籍管理机构,首列人匠坊:"人匠一坊,在县东北(箭匠坊街西)。人匠二坊在县东北(箭匠坊街东)。人匠三坊在县西北(铁作坊内,即古鹭洲坊)。人匠四坊在县西北(皮作坊巷)。人匠五坊在县治前东南(即今银作坊右)。人匠,洪武原额十八坊,因人户消耗,并为五坊。"万历年间《客座赘语》卷二记载,上元县境内有"十八坊、十三坊、十二坊、织锦坊、九坊、技艺坊、贫民坊、六坊、木匠坊"等九坊;江宁县境内有"人匠一坊、人匠二坊、人匠三坊、人匠四坊、人匠五坊、正西旧一坊、正西旧二坊、贫民一坊、贫民二坊、正南旧二坊、正东新坊、铁猫局坊(凤凰台下)、正南旧一坊、正西新坊、正西技艺坊"等十五坊。其中十八坊、十三坊等,很可能就是明初十八坊的遗存。

这才是"城南十八坊"的出处。

"十八坊"管理明初从全国各地征召来的住坐工匠。据《客座赘语》记载,洪武十三年(1380)开始实施编户管理制度,将全城居民按职业类别分为民、军、匠三等,承担不同的差役,且必须按类居住。从苏、浙等地区招来的较富裕居民,都被充作手工业匠户,其中的壮丁由监局统一调配，听从朝廷调遣服徭役，不得逃避，其他成员则作为在编人员，统一管理，不用交纳田赋，但随时要服从征调。匠户的地位低于民户，且世代相袭，不得改变，不许参加科举考试，须得到皇帝特许才可脱离匠籍。永乐十九年（1421）迁都北京，"取民、匠户二万七千以行，减户口过半"，此后不断从南京抽调工匠至北京。再加上"人户消耗"，所以到正德年间，官属人匠坊已并为五坊。此消彼长，民间工匠业日趋繁盛。正德《江宁县志》卷五《衢道》一节中所列境内工匠坊有："毡匠坊，在草鞋街北（北通果子行口）。颜料坊，在草鞋街东（即古西市，东接铜作坊）。铜作坊，在县治西（即古东市）。银作坊，在县治东（即古建业坊，东通古御街）。铁作坊，在铜作坊西北（即古鹭洲坊，南通新桥，北接三山街）。箭匠坊，在铁作坊东（南接丫头巷，北

《同治上江两县志》中的《明应天府城内坊厢图第十一》

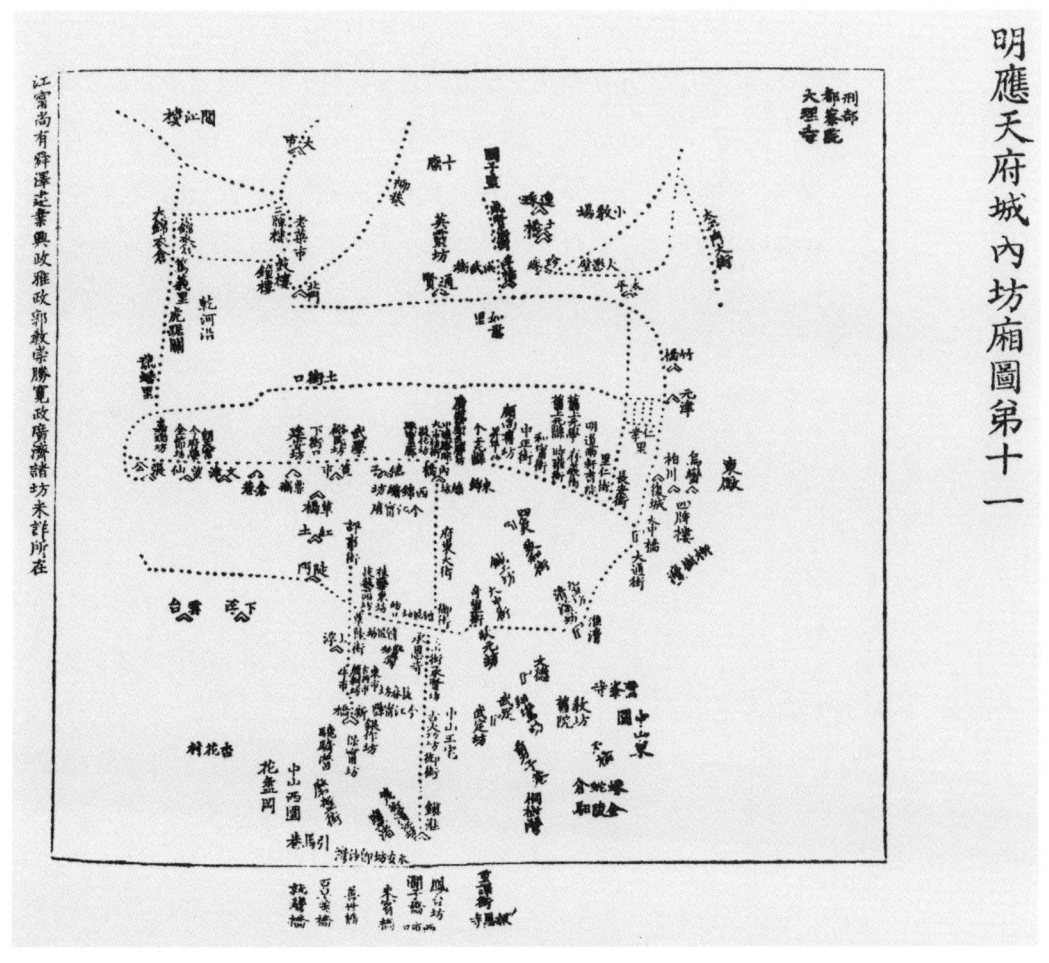

接望火楼巷）。弓匠坊，在铁作坊西（北通三山街，南通颜料坊）。鞍辔坊，在县治南（北通层楼巷，南通镟子巷）。皮作坊，在县西北（西通评事街，东通帽儿行）。"草鞋街，即今彩霞街。弓匠坊与箭匠坊后合为弓箭坊。其余各坊，在近年城市大拆迁之前，都还保持着当年的格局。嘉靖《南畿志》卷四《城社》中，记载上元、江宁两县的"居艺之坊"仍是上述九个。此后民间所说的"城南十八坊"，只是一个模糊概念。

相对于人匠几坊这样的名称，箭匠坊、铁作坊、皮作坊、银作坊等行业类别要明确得多，所以民间多以其行业称其住地。清代顺治二年（1645）宣布废除匠籍，统归民籍，残余的人匠坊也不复存在。各行业工匠皆成私营，其行业衍化为地名，流传至今，除上述坊名外，更多的是与工艺或商市有关的街巷，如习艺东街、习艺西街、草鞋街、磨盘街，木龙巷、竹竿巷、鸡鹅巷、干鱼巷、糯米巷、板巷、胭脂巷、头盔巷、针巷、锅巷、鲜鱼巷、油房巷、剪子巷、镟子巷等。

不过，"洪武原额十八坊"虽统称人匠坊，实有分工不同。《洪武京城图志》中《街市桥梁图》绘出部分匠作坊，并有文字说明所在位置，如"织锦一坊，在聚宝门内旧桐树湾街，织锦二坊，在镇淮桥北旧国子监街，织锦三坊，在织锦二坊北旧关王庙巷""杂役一坊，在聚宝门内镇淮桥南沙河街，杂役二坊，在镇淮桥北旧竹街，杂役三坊在杂役二坊北旧建业坊，鞍辔坊，在杂役三坊北，银作坊，在鞍辔坊北旧金陵坊，

下 | 文脉篇

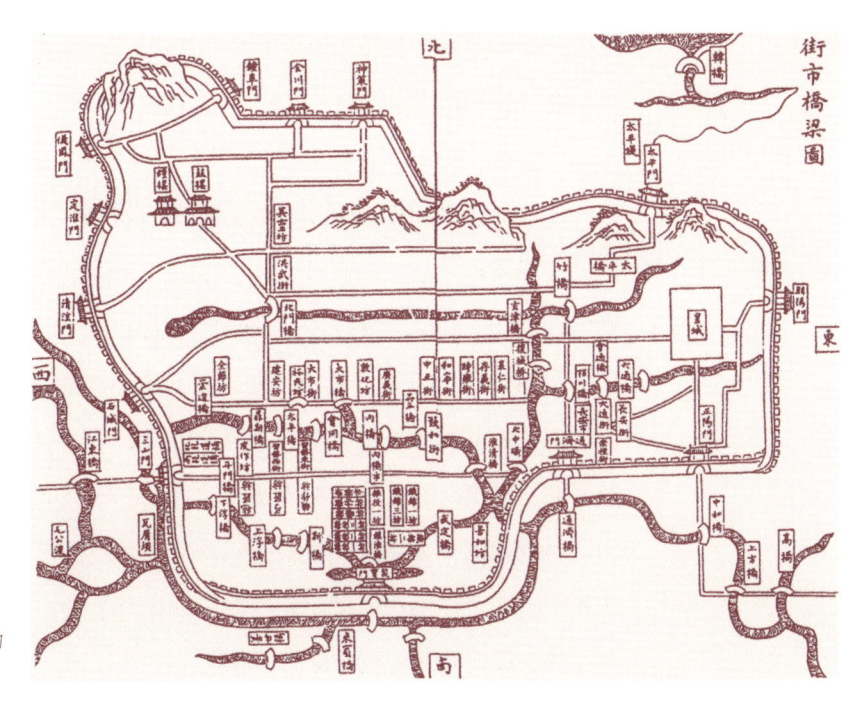

《洪武京城图志》中的《街市桥梁图》

南京云锦，
童子攀枝莲妆花缎

铁作坊，在弓匠坊东旧小木头街，弓匠坊，在铁作坊西旧舆子巷，毡匠坊，在弓匠坊西旧水道巷""皮作坊，在旧评事街"。

这些匠艺中，对后世影响最为深远的是云锦。

云锦堪称丝织的最高技艺。"秣陵之民善织""秦淮之水宜染"，南京丝织的源头可以远溯东吴。随着中原居民南迁，江南发展蚕桑业的优越自然条件得以充分利用，丝织技术也不断提高。东晋义熙十三年（417）已在建康设立专门管理织锦的锦署。云锦生产则肇始于元，成熟于明，昌盛于清。元世祖至元十七年（1280）在南京设东、西织染局。明承元制，在南京设内织染局外，又有神帛堂和供应机房，"十八坊"中有三个织绵坊，每年都有固定的生产指标，织锦工艺日臻完善，形成丝织提花锦缎的地方特色。清代分设于江宁、苏州、杭州的江南三织造，向皇家供应的重中之重便是云锦。明、清两代作为御用贡品生产的南京云锦，在元代金锦的基础上又有重大发展和创造，产生了库缎、织金、织锦、妆花几大品类，尤其妆花新技法，艺术成就非常高，成为南京云锦中独具特色的代表品种。大面积地应用各种金银线交织于一件彩锦中，使整件织物显得金彩辉映、瑰丽灿烂、典雅高贵，产生艳而不俗、对比强烈而不刺激的效果。云锦不但工艺复杂，而且每一道工序都相当于一次再创作。

为满足云锦织金工艺的需要，南京金箔行业产生了制作金钱的技艺。南京栖霞龙潭一带，是中国金箔生产的发源地。金箔锻制技艺的产生，与六朝佛教盛行有密切关系。"南朝四百八十寺"，作为江南佛教中心的南京，众多寺庙中的佛像装成金身，需要消耗大量黄金，贴用薄如蝉翼的金箔，可以使装饰佛像的用金量降到最低，且同样达到金光灿烂的效果。将金箔裱到特殊的纸张上，用雨花玛瑙砑光后，切成零点五毫米左右的窄条，然后捻成可供纺织的金线，又有十二道工艺。制作龙袍的金线，还有特殊要求，须将金线与蚕丝缠绕，更为复杂。

《白下琐言》卷七载："织工推吾乡为最，入贡之品出汉府，民间所产皆在聚宝门内东、西偏，业此者不下千数百家，故江绸贡缎之名甲天下。剪绒则在孝陵卫，其盛与绸缎埒。交易之所在府署之西，地名绒庄。日中为市，负担而来者，踵相接也。"汉府，指汉府机房，两江总督署前汉府西街所设云锦机房。绒庄，即绒庄街，自鸽子桥南至绫庄巷口。《同治上江两县志》记载，"乾、嘉间机以三万余计，其后稍稍零落，然犹万七八千"。徐仲杰《南京云锦史》则说："至道光年间，单缎机（包括花、素缎，主要是素缎）即发展至三万多台。纱、绸、绒、绫等机尚不在内。总计城厢内外各类丝织机总数已达五万多台。机杼之声，比户相闻。"据此估算，当时直接、间接的丝织从业者不下十万人，而南京总人口不过三四十万人。其时云锦销售地区遍及全国，年产值高达白银二百余万两,是南京与科举服务行业并重的又一支柱产业。明、清南京的经济文化繁荣离不开云锦,南京的丝织业也以云锦的璀璨登峰造极。

南京云锦以其高超的技艺和丰富的内涵,位列中国四大名锦之首,在2006年列入首批国家级非物质文化遗产名录,2009年9月成功入选联合国《人类非物质文化遗产代表作名录》。南京金箔锻制工艺也被列入首批国家级非物质文化遗产名录。

明代初年,南京城内道路建造规格也很高。《白下琐言》卷一载:"前明都会所在,街衢洞达,洵为壮观。由东而西,则火星庙至三山门,大中桥至石城门。由南而北,则镇淮桥至内桥,评事街至明瓦廊,高井至北门桥,官街极其宽廊,可容九轨,左右皆缭以官廊,以蔽风雨。今为居民侵占者多,崇闳之地,半为湫隘之区矣。"火星庙原在白下路东端复兴巷一带,民国年间已不存,三山门即今水西门,这一条即前文说过的建康路、升州路东西干道,始于南唐。大中桥至石城门(今汉西门),即白下路、建邺路东西干道,始于六朝。镇淮桥至内桥,则是六朝已形成的南北轴线。评事街经木料市、大香炉到明瓦廊,道路现存。高井即今丰富路一线,经糖坊桥、估衣廊即至北门桥,路名亦存。

九轨,原指可容九辆车并行的道路,按东汉郑玄注《周礼·考工记》的说法,一轨合八尺,九轨七十二尺。后世也泛指道路宽阔,未必拘于成数。明初官街两侧都有官廊，当初的功能是为行人遮蔽风雨，后来逐渐被商民侵占，成为沿街市场。这同样显示了一个化官街为私市的过程。嘉靖《南畿志》中说到当时有"市之廊十二"，即十二个位于廊下的市场：花铺、鼓铺、扇铺、床铺、麻铺、表背、手帕、包头、香蜡、生药、纸铺、故衣。流传到现代的大约只有裱画廊、红纸廊、估衣廊、手帕巷等。"廊"，也就成了南京商市的一种特定名称，如后起的明瓦廊。

因商成市，演为地名，东吴时即有大市、东市等被作为地标。到明代，以市名街，以街名市，已相当普遍，有些一直延续到现当代。如秦淮河东岸，自长乐路西北至上浮桥的牛市，原为牛、马市集所在。甘家大院东侧的马巷，原为马市，现拓并入中山南路。鸽子桥以北的鸽子市，现并入建邺路。建邺路中段北侧的木料市，南与笪桥市相对，即为木料市集。同属木料市场，鸽子桥南有大板巷，陡门桥南有船板巷、小船板巷。长江路北的网巾市是网巾作坊与市场。过去男子戴头巾，需先用网巾网住头发，至明初成为定制。此外中华门外雨花路，明、清时称米市大街、米行大街，是粮食集散地。长乐路武定桥南有大油坊巷、小油坊巷，水西门内有油市街。升州路北侧豆腐苑，后改称邓府苑。干鱼巷，后改称甘雨巷。下浮桥南有菱角市，因地近莫愁湖，为菱藕水产市场。大光路尚书巷南段旧称菜市口，清代即为蔬菜市场。直到民国年间，还先后出现过豆菜桥、老菜市、新菜市等。

七　画舫河房桨声灯影

　　自从俞平伯与朱自清两先生写下同题游记《桨声灯影里的秦淮河》，"桨声灯影"几乎成了秦淮风光的标配符号。

　　十里秦淮的桨声灯影，自然不是始于民国年间。远的不说，晚明文人多有泛舟秦淮之作，如侯方域"新知文酒雄，载客买铅红"，吴应箕"前月秦淮夜，深杯数子俱"，黄云"白下秋寻荡桨余，同人醉倚夜窗虚"，黄朝美"秦淮旧事已纷纭，画舫重游集水滨。红袖尚从高阁见，清歌偏使白头闻"。周永年《秦淮社集同冒辟疆诸君子夜泛》让我们可以看到当年的雅集情景："画船十只任分携，隔舫传笺互索题。人聚同心头半白，酒收中户量难齐。清歌一起微喧静，粉本初成黛色低。正复不劳明月照，晚凉烟景满青溪。"

　　余怀《板桥杂记》中，尤其念兹在兹地写到秦淮灯船："薄暮须臾，灯船毕集，火龙蜿蜒，光耀天地，扬槌击鼓，蹋顿波心。自聚宝门水关至通济门水关，喧阗达旦。桃叶渡口，争渡者喧声不绝。"而名姬所在的"两岸河房,雕栏画槛,绮窗丝障,十里珠帘"。这才是"灯船之盛,甲于天下"的本意,文酒诗会尚在其次。

历史上的南京,秦淮河及其支流密如蛛网,也曾是"人家尽枕河"的江南水乡,居民区临水而建,街巷与河道平行,随河道曲折。六朝名门贵胄多临水而居,张昭、诸葛恪、陆机、周处、王导、谢尚、纪瞻、顾恺之、萧衍、陶弘景、何尚之、江总等,其居处尚可指点。且常有人以船为屋,《世说新语》中留下了不少"船居"的故事。明、清官绅士人,仍多依秦淮而居。如明信国公汤和建府第于桐树湾,地名遂称信府河,英国公张辅建府第于镇淮桥东,地名大英府街(今大膺福街),探花顾起元遁园在新桥北,纂辑《武备志》的茅元仪宅在武定桥西,明遗民诗人方文宅在桃叶渡,画家诗人程正揆"筑室青溪上",清初诗坛领袖王士禛寓居"秦淮之侧",藏书家朱绪曾开有益斋在金陵闸西,陈作霖可园在运渎故道旁,图书馆学家缪荃孙宅在新桥西颜料坊等。

宋、元以后出现的河房形式,至明、清为临河人家所普遍采用,且多有延伸到水面上的平台,称为水阁。施闰章《秦淮阁夜》有句:"阁浮杨柳岸,风接芰荷香。渔火平临槛,虫声暗逼床。"水阁不拘大小,讲究的是布置清雅,盆花茗碗,处处怡人。尤其夏夜月下,湘帘高卷,姬人凭槛乘凉,成为秦淮河上的别样风光。《板桥杂记》中写到秦淮水阁、丁家水阁、周氏水阁、熊氏河房、潘家河房等，又说"前明河房，为文人宴游之所。妓家则鳞次旧院，在钞库街南，与贡院隔河遥对。今自利涉桥至武定桥，两岸河房，丽姝栉比"，贡院街"以南皆河房。每值宾兴之岁，多士云集，豪华者挟重赀，择丽姝侨寓焉"。

夏仁虎《秦淮志》中，尚能举出晚清河厅数处，如常举行妓家盛宴的韩家河厅。官绅人家河厅日趋富丽堂皇，主人多为淮军、湘军将领。如刘河厅主人是首任台湾巡抚刘铭传，周河厅主人是湖南提督周盛波，赵河厅主人是李鸿章妻兄、观察赵某，杨河厅主人是李瀚章亲信、总戎杨某。南京人所建河厅只有一处，房主是曾在广东任盐官的傅松生。辛亥革命后河厅多沦落，或为酒肆，或为旅舍，亦可见原规模之大。科举既废，龙门街和贡院街遂改建为商业街，茶楼酒馆比邻而立，命名多出于文人雅士，如贡院街的"问柳近淮"，桃叶渡的"问渠唤渡"，贡院东街的"停艇听笛"，文德桥口的"得月台"，各家都有自己的拿手菜肴、特色茶点，愈出愈精。

当时官绅名士的河房、府第，多利用自然山形水势，建造园林，喜招文人雅士宴集，甚至可以借给他人聚会，"主人既好客，客亦乐假以开宴"。夏仁虎的伯父夏家钧，得太守杨竹荪所赠牛市河厅，便成为一时文会之所。徐博《秦淮竹枝词》写游春景象："红妆结队斗铅华，高髻盘云堕鬓鸦。相与踏青联袂去，旧王府里看桃花。"

秦淮河房

江南文人园林,现在虽以苏州为典范,但其肇源,却在南京。六朝南京先后出现的皇家园林多达三十多处。权臣贵胄兴造的私家园林,有些可与皇家园林媲美。"南朝四百八十寺",又包含着众多的佛寺园林。然而最重要的是自然淡泊、恬适清雅的文人园墅,为后世江南园林的文化风格开了先声,在中国园林发展史上具有划时代的意义。

此前秦、汉园林多以外在占有为主体,跑马占山,将辽阔的自然景观揽入皇家或私家园囿,人工营造则以地表建筑群为重。江南山水以秀丽取胜,不同于西北的雄奇,江南气候温润,建筑物无须过于庞大厚重,江南地少人多,大规模圈地为园也难以为继。新的客观条件孕育出新的人文情趣,六朝园林遂转化为以内在创造为主体,由大到小、由粗趋精,从罗列铺陈变为顺应自然,从夸豪斗富转向雅游清赏,重在满足欣赏者的心理需求。"螺蛳壳里做道场",在有限空间内营造丰富的观赏意境,成为新的竞争方式。庾信《小园赋》中,曾描绘过这种"欹侧八九丈,纵横数十步,榆柳两三行,梨桃百余树""一寸二寸之鱼,三竿两竿之竹"的文人园林。

南京山水城林自然交融的环境,为造园者提供了广阔的用武之地,也有力地促进了新园林形态的生成。园林景致,多以水景取胜,多举古树名石,多记亭阁巧构,命名清幽,文会雅游。明人姚元白造市隐园,清初龚贤造半亩园,李渔建芥子园,袁枚建随园,都是典型的文人园圉。民国陈诒绂编纂《金陵园墅志》，共列园墅三百七十六处，明、清两代即占三百余处，且大量产生于明中期以后，清代尤盛。

　　河上的画舫灯船，同样装饰华丽。清初周在延《午日秦淮泛舟》所述可见一斑："河下增新舫，明灯十二连。幕俱编素锦，杆亦饰花钿。乐按宫声奏，舟依泮水旋。六朝风未息，岁岁玩云烟。"时至晚清，灯船仍很讲究，分为多种规格。据夏仁虎《秦淮志》载，最高等级的是楼船，船头有供仆从用的门舱，内舱分设客厅、餐室、书房，并有密室安卧榻、供洗濯，船尾舵楼可以登高眺远。船舱两侧留有便道，侍者可不从舱中穿行，以免影响客人，古时名"走舱"，晚清俗称"大边港"。这类楼船有十几艘，因舵楼高过古桥桥孔，无法穿行，多驻留河岸，相当于活动的水阁。今天我们还能在江南一些旅游点看到这种楼船，当然只是作为茶室、餐厅了。次一等的"小边港"，稍窄小，无舵楼，故可以穿桥洞而过，船上亦供茶餐。再次即"漆板"，也就是俞、朱二文中的"七板子"，系由旧时"藤绷"改进，舱中惟藤椅二、茶几一，可供友人清谈，也可供情侣密会。等而下的还有歌船、局船（旧称召妓为"叫局"），摸黑船，顾名可以思义。为船上客人服务的尚有伙食船、私烟船、卖唱船、小卖船、围棋船等。俞、朱二位就是被卖唱船缠上了。

　　各类灯船上所悬挂的灯，是南京特产，名为"羊角灯"，系用羊角熬成胶，调和彩色，冷凝过程中压为薄片，连缀成灯，透光遮风，且不脆裂。乌正阿《秦淮竹枝词》写彩灯："楼卷珠帘舫卸篷，晚来光景不相同。彩灯万颗齐烧烛，人在琉璃世界中。"据说清代皇宫中也用此灯。到晚清玻璃多了，方改用玻璃。这种羊角胶片也被用来做房屋的天窗，俗称"明瓦"。南京现在还有明瓦廊的地名，就是当年制售明瓦之处。

明遗民诗人杜濬清初作《秦淮灯船鼓吹歌》，是有史以来咏秦淮诗中最长的一首，在深痛反思历史的同时，也生动地描绘了秦淮灯船擂鼓巡游的画面："一声著人如梦中，双槌再下耳乍聋。三下四下管弦沸，灯船鼓声天下至。""旧都冠盖例无事，朝与花朝暮酒暮。水嬉不待二月半，祫服新装桃叶渡。高楼夹水对排窗，卷起珠帘人面素。腾腾便有鼓音来，灯船到处游船开。烛龙但恨天难夜，赤凤从教昼不回。"稍后汪楫亦作《秦淮灯船鼓吹歌》书写鼓吹场面："钟山十里晚烟浓，忽然一声飞霹雳。依稀望见八尺鼓，倒置船梢形最武。只槌不知几许长，一客操持猛如虎。更有三尺铁绰板，坐中一客双手绾。岂无玉笛与瑶笙，几客同吹不肯简。"

当年的秦淮灯船，与两岸河房水阁、商肆园墅互为景观。周亮工有诗云"画船人过湘帘缓，翠幔歌轻纨扇低"，顾梦游有句"不知芎泽自谁边，楼上舟中互流视"，王士祯有句"年来肠断秣陵舟，梦绕秦淮水上楼"，方式济有句"锦缆几行天上度，珠楼两岸镜中排"，袁树有句

"两岸红灯射碧波,一支兰桨荡银河",延福有句"晚凉争买木兰舟,尽向河房开处游"。吴敬梓在《儒林外史》中描绘:"两边河房里住家的女郎,穿了轻纱衣服,头上簪了茉莉花,一齐卷起湘帘,凭栏静听。所以灯船鼓声一响,两边帘卷窗开,河房里焚的龙涎、沉、速,香雾一齐喷出来,和河里的月色烟光合成一片,望着如阆苑仙人,瑶宫仙女。"这种河岸上下的交流互动,是秦淮冶游兴盛的重要成因。

其时秦淮灯船并无一定游览线路,河厅水阁、茶楼酒肆皆有临河码头,可以随处停歇。如伍瑞朝《秦淮竹枝词》所咏:"夜雨新添几尺潮,画船平傍画栏摇。榜人似解游人意,闻得花香便住桡。"游客可以登岸进房,妓女可以离岸上船,店家也可以随时供应。如纪映钟《秦淮竹枝词》所说:"百钱买艇往来间,十里东西尽水关。"东、西水关间的十里秦淮皆可往来。因东水关外水面开阔,游船喜聚于此。周在浚《秦淮竹枝词》有言:"水关地阔好停桡,来往游人待晚潮。时近深秋惊戍客,暮笳声里杂笙箫。"晚清、民国年间形成的游览线路,主要是从夫子庙前登船,或过文德桥沿秦淮河向西南行,至长乐渡、镇淮桥,或过桃叶渡、大中桥、复成桥作青溪游,"舟放东关岸更宽,十分佳境此中看"。后东水关附近水道被阻,东行只能到桃叶渡。2006年,有关部门将秦淮河与白鹭洲公园之间原四点五米宽的水道拓至十二米,以便画舫通行,白鹭洲公园成为秦淮夜游的一个新亮点。

改革开放以来，蔚为佳话的桨声灯影，在秦淮画舫之外，更为社会关注、受世人欢迎的是元宵灯会，纸扎花灯的盛会。

秦淮纸扎花灯是我国传统灯彩艺术的重要流派，也是南京最具代表性的民间艺术之一。据说三国东吴就曾在岁时节庆中张挂彩灯，东晋诗人习凿齿、南朝梁简文帝萧纲都有咏灯笼的诗歌流传。隋代以来，元宵节张灯、赏灯，渐成为十里秦淮两岸重要的节俗活动，唐代且将元宵观灯延展到三天。从南唐画家董源的画作中，可以看到节日气氛中的巨型灯笼。此后观灯日陆续增加到五六天。

明太祖朱元璋定都南京，为借灯会促进商贸，推动经济发展，将灯节延长到十天，形成民间"初八上灯、十八落灯"的习俗。据王圻《续文献通考》记载，洪武五年（1372）元宵节朱元璋曾命"近臣于秦淮河中燃水灯万枝"。《明实录》记载，永乐七年（1409）元宵节明成祖朱棣为"与臣民同乐太平"，自正月十一起赐假十日，"百官朝参不奏事"。《皇明通纪》卷七记载，永乐十年（1412），朱棣命巧匠在宫门外扎制鳌山"万岁灯"，以示歌舞升平。《正德江宁县志》卷二《风俗》载："上元作灯市（灯有楮练、纱帛、鱼鱿、羊皮、料丝诸品。又有街途串游者，曰滚灯、曰粲灯，商谜者曰弹壁灯），架松棚于通衢（棚中奏乐，上下四旁缀以华灯，灿若白昼），箫鼓声闻，灯火迷望，士女以类夜行（谚云走百病）。自十三日至十八日为止（十三日谓之试灯，十八日谓之落灯），数日多会客（谚云节酒，又谓之赏灯）。"张岱《夜航船》中说到南京赵士元制灯为人珍重收藏。谈迁《枣林杂俎》记载："南郊灯杆高十二丈有奇，灯笼大丈余，容四人剪烛。郊之夕，洪武门、皇城各灯如之。"虽然说的是明初南郊祀天所用之灯，但能制作如此大灯，足见工艺水准之高。

文字记载之外，还有一幅近年出现的绢本设色《上元灯彩图》长卷，经徐邦达、杨新等专家鉴定，确认是明代中叶作品，所绘正是南京秦淮河畔繁华商市元宵赏灯的盛况。图中楼台商铺星罗棋布，千门万户各悬彩灯，街上游人摩肩接踵，赏灯购物不亦乐乎。画卷中心矗立着巨大的鳌山彩灯，上点缀各色人物。沿街舞动的龙灯，由多节灯笼组成长长的龙身，游走自如。从这两米多的长卷中可以看到丰富多彩的花灯造型，大到麒麟、猛狮、舞象、骏马，小到松鼠、螃蟹、蛤蟆、鱼虾，珍禽有凤凰、仙鹤，异卉有荷花、菊花……流光溢彩，赏心悦目。其间还有各种游艺表演，引人围观。这一轴长卷，不但为研究秦淮灯彩提供了生动的实证资料，也为今人了解明代南京市井风情增添了可贵材料。

《上元灯彩图》展现的地域，有人认为是在三山街至内桥一带。但画面中出现的是三孔砖桥，而内桥是单拱石构桥，并非砖桥。2000年考古发现的明代大市桥遗址，正是砖桥，桥身由青灰色砖平砌而成。明代大市桥即南唐宫城西虹桥，是内桥北侧大路（今建邺路）跨越宫城西城壕的东西向桥梁，位于羊市桥附近、鸽子桥北约五十米。桥西即明代大市、笪桥市、木料市、羊市、鸽子市等繁华商市区，正与画中景况相吻合。

明、清南京张灯赏灯、买灯卖灯的地点，并不在三山街、夫子庙一带。南京民间有传说，朱元璋曾到七家湾观灯，因不满灯上的马皇后画像还屠街。七家湾正在笪桥之西。《白下琐言》卷二记载："笪桥灯市由来已久，正月初鱼龙杂沓，有银花火树之观，然皆剪纸为之。若彩帛灯则在评事街迤南一带，五色十光，尤为冠绝。"评事街、笪桥正是明清灯市所在，也是彩扎作坊所在。评事街西侧登隆巷，原名灯笼巷。民国年间这一带仍多亨彩店，出租仪仗，扎制彩灯。晚清废科举后，政府将龙门街、贡院街开发为商业街，元宵灯会也是在这时才迁往夫子庙地区。新进入的灯彩市场，为夫子庙地区增添了绚丽的色泽，发展成至今名重天下的秦淮灯会，无疑是一种非常难得的传统振兴。

秦淮花灯品类繁多，无奇不有。花灯上又布置有字谜、画谜，猜灯谜更为元宵花灯增添一分雅趣。清代南京花灯品种发展到三百余种，形成了秦淮花灯色彩瑰丽明快、造型简约夸张、趣味大俗大雅的特点。南京制作的夹纱灯、羊角灯等，还曾销往安徽、浙江等地区。秦淮灯彩制作，全凭心灵手巧，前后数十道工序，汲取了绘画、书法、剪纸、皮影、刺绣、雕塑等多种艺术之长。其中有些是南京独创的，如扎制材料不用铅丝篾条，以纸捻为绳索的纸扎工艺。灯彩匠人一代代薪火相传，各有绝技，绵延不断，营造出五彩缤纷的花灯世界，也使以秦淮灯彩为主体的元宵灯会，成为南京民俗文化活动的重要品牌。

"秦淮灯彩甲天下"。改革开放以来，一度中断的夫子庙元宵灯会传统得以恢复，自1986年组织举办大规模的秦淮灯会，迄今已连续三十七届，被誉为"天下第一灯会"。在保护传承秦淮灯彩技艺的同时，秦淮灯会将手绘、剪纸、镂空、光雕、立体造型、卡通等多种元素融入其中，如2019年生肖猪年的"小猪佩奇"成为最受年轻人喜爱的花灯。秦淮灯会用有特色的场景吸引人的眼球，用有回味的体验抓住人的心，并与国内外友人合作，共同开发制作现代大型灯组，不断提升艺术审美水平，让秦淮灯会走向世界舞台，多次赴亚、非、欧、美各国交流办展。以灯彩技艺与民俗活动有机组合的秦淮灯会，在2006年列入首批国家级非物质文化遗产名录。

民国年间夫子庙灯市

八　下关开埠

六朝时期的秦淮河入江口石头津，曾经是南京面向世界的窗口。时值晚清，秦淮河北延后的入江口龙江关（今下关），再一次成为南京对外开放的前沿。在晚清洋务派致力于现代开发建设的同时，西方列强迫使江宁开埠，中国官方、民间积极应对，使下关沿江迅速崛起为现代工业、交通与商贸中心，显示出南京人的开拓与进取精神，也大大拉开了城市发展的框架，承继了南京城跨越式发展的优良传统。

鸦片战争后，主张"睁开眼睛看世界"的思想家魏源，定居秦淮河支流乌龙潭畔，编纂成百卷《海国图志》，影响了自洋务运动、戊戌变法到辛亥革命的几代人。梁启超称魏源为治域外地理的先驱，"中国士大夫之稍有世界地理知识，实自昆始"，并认为魏源倡导的"以夷攻夷，以夷款夷，师夷长技以制夷""实支配百年来之人心"。不仅如此，《海国图志》对日本的明治维新也起到积极的推动作用。

肇始于道光年间的洋务运动，是中国近代的一次改革开放尝试，咸丰年间因太平天国战乱而中断。同治三年（1864）清军收复南京，此后相继任两江总督的曾国藩、李鸿章、刘坤一、沈葆桢、左宗棠、曾国荃、张之洞、端方等，都是洋务运动的重要骨干人物，使南京在引进新兴工业、实施新式教育、建设新型城市等方面，都能得风气之先。现代工业、铁路、邮电、学校、开放商埠等事物相继在南京出现，成为南京城市发展史上的一个崭新阶段。

同治四年（1865）八月，李鸿章主持创办了南京第一座现代工厂——金陵机器制造局。该厂每年经费白银十万两，"购机器于外洋，募洋匠为师，督诸匠制造炮位、门火、车轮盘架、药弹箱具、开花炮弹、洋枪、抬枪、铜帽等项"，厂房"皆仿外洋之式营造"，后几经扩充，成为全国四大兵工厂之一。同治五年（1866）清廷加授两江总督李鸿章为南洋通商大臣，除负责外交、通商外，还主办练兵、防务、工业、交通、教育等新政，统称洋务，被视为当时国家最重要的事务。同年设两江洋务局于江宁土街口（今中山东路洪武路口），并于下关设洋务分局，负责与通商各国往来及交涉事件。光绪七年（1881）设江南官电局于金陵机器制造局内，下辖两江总督府分局、下关分局等，由此可见下关地区在洋务运动中的重要地位。此后江宁电报局、江南官电局、金陵制造洋火药局、金陵电灯官厂等陆续开办。光绪二十年（1894）南京首家民营工厂胜昌机器厂在下关建成开业，主要业务为修

龙蟠里旧影

理船舶和动力机械。此后杨永兴机器厂、泰记和茂工厂、金陵机器火砖厂、咸阳火柴厂、亨耀电灯厂等如雨后春笋,规模虽不算大,但是最早一批具有资本主义性质的企业。其时南京已有产业工人一千多人。

实业之外,南京的现代文化建设也开始起步。光绪十六年(1890)为培养海军人才创立江南水师学堂,设驾驶、管轮两科。这所学校最有名的学生是鲁迅和周作人,南京是他们接受新教育、新文化的起点,也是他们留学日本、走向世界的起点。光绪二十七年(1901),清廷下令各省督抚学政"切实通筹认真举办大学堂"以推行新式教育,两江总督刘坤一、湖广总督张之洞第一次会奏变法事宜疏,已大致勾勒出小学、中学、大学循序渐进的现代教育雏形,并提出兴办师范学堂以解决新式教育所遭遇的师资匮乏等问题。次年底,张之洞再督两江,筹设三江师范学堂,后更名两江师范学堂,也就是民国中央大学的前身,是今天南京大学、东南大学、南京师范大学等多所名校的源头。光绪三十四年(1908)经朝廷定名的江南图书馆筹建,两年后在龙蟠里正式开馆,是我国最早建设的现代图书馆之一,由地方最高长官和国内一流学者共同创立,规模和影响在当时都是最大的。民国初年,该馆藏书已超过十万册、八十万卷。

第二次鸦片战争期间,英、法、美、俄四国迫使清政府签订《天津条约》,已有增开南京为通商口岸的条款,但因南京被太平天国所占,未能实行。同治四年（1865）英、法官员来南京勘察开埠地点，见城内一片废墟，居民流失，只大致指划"狮子山城、河之间"为备用地，未提出设立租界的要求。随着长江航运的发展，下关地区成为新的交通枢纽，往来中外商船日渐增多。同治六年（1867）两江洋务局在下关设立洋务分局，就是为了便于处理涉外事务。次年，美国旗昌轮船公司率先在下关兴建简易码头一座，时称"洋棚"。为便于管理，清政府于同治十年（1871）在下关筹建轮船招商局，并建造正规码头，添置大型渡江轮船，接运过往客商。而西方列强纷纷在下关沿江私设码头，强占地盘，开办洋行，并排斥中国商人。光绪二十一年（1895）清政府又修建一座公用轮船码头，称接官厅码头，供过往官船及外国轮船停泊，以抵制英国在下关自建码头的要求。下关惠民桥一带，英商怡和、太古洋行、美商美最时洋行、日本邮船会社、德国商宝公司等相继开业。这是西方列强进入下关地区的第一阶段。

第二阶段始于光绪二十五年（1899），清廷批准西方列强提出的《修改长江通商章程》，再次将南京列入通商口岸，金陵关宣布开关，南京港正式开放，列强在下关永远租借土地，建造码头、行栈，甚至停泊兵轮。光绪三十年（1904）时任两江总督周馥担心洋人与国民混处，难免发生矛盾，引发外交纠纷，遂与各国领事明确划定南京口岸界址，将惠民河以西沿长江岸长五里、宽一里左右地带，作为开放口岸，供外国商人开设洋行、建造码头与货栈。同时奏请清廷允准拨款白银十万余两，改善下关居住与交通条件，以便西方商民定居下关。但下关并非租界，中国商人同样可以进入经营。南京幸而成为通商口岸中未蒙租界之耻的城市。自惠民桥通往今中山北路约一里长的街道，因下关商埠局所在而被叫成商埠街。下关地区由此进入快速发展阶段，因下关商埠的兴起，南京城市人口增加了约十万人，占全市人口总数四分之一强。

下关地区既已成为南京举足轻重的新城区，其与城南地区的联系，也就提上了城市建设的日程。当时海陵门（今挹江门）尚未开辟，鼓楼以北城区仍相当荒凉，道路崎岖难行，且时有盗匪出没。光绪二十一年（1895），南京修建第一条联系南北的近代道路——江宁马路，以两江总督署为中心，西北穿过碑亭巷，经鸡笼山南麓西行过鼓楼岗，再循旧年石路出仪凤门至下关，东南则至通济门驻防城边。从十九世纪末的照片上可以看到，当时的道路仍是直接从鼓楼下的拱券门中通过的。这是南京古道改建近代道路的开端，参照上海租界马路技术结构标准修筑，路幅六米至九米，个别路段是木块路面，大部分是砂石路面，能通行马

清末民初下关码头

车和黄包车。开埠后城市交通量大增，又将江宁马路扩建，沿途开筑多条支线，分别向贡院、内桥、汉西门等处延伸，路幅略窄于主干道。南京城区的交通状况因此得以改善。

从筑城墙到开马路，是社会由封闭向开放转化的鲜明表征之一。

光绪三十三年（1907），南京仿照杭州办法开工修筑城中铁路，花费白银四十万两，建成宁省铁路约十二千米，宣统元年（1909）初全线通车，因线路短、站距近、设施简单，车速也慢，俗称小火车。小火车路线起自下关江边，过惠民桥，由金川门入城，经三牌楼、鼓楼，沿鸡笼山南麓东行，过珍珠河后南折，经两江总督署东侧，到中正街（今白下路）止。沿途有江口、下关、三牌楼、无量庵（后改鼓楼）、督署（后改国府路）、万寿宫（后改中正街、白下路）等六个车站。宣统二年（1910）南洋劝业会期间增设劝业会站，后称丁家桥站。1912年元旦，孙中山先生从上海来南京就任临时大总统，乘沪宁线火车至下关，后即转乘小火车直达两江总督署。

江宁马路和城中铁路这两条城市新干道，鼓楼以南的路线都偏向城区东部，一方面是因为需经过行政中心两江总督署，另一方面也因为城西的外秦淮河仍是重要的交通干线。水、陆干线分处东、西，布局较为合理。因为新式交通工具的出现，陆上交通此时已显示出与水上交通分庭抗礼的态势。

鸡笼山下的小火车道

两江总督署东墙外的小火车道

光绪二十一年（1895）张之洞已提出修筑沪宁铁路的设想，以铁路为国家的"气脉"，对农、工、商业发展都有利，次年得到清廷批准。因资金困难，采取分段筹筑办法，清廷拨款白银五十万两，向德国借款二百五十万两，先筑吴淞至上海一段。后西方列强看到中国铁路建设的巨大商机，争相以获取铁路贷款权为手段，以债权人、受托人身份修建和经营中国铁路。英国与清政府签订沪宁铁路借款合同，光绪三十一年（1905）全线开工，光绪三十四年（1908）竣工。沪宁铁路南京车站设在下关龙江路，国民政府定都南京后改称下关火车站。向英、德两国借款修建的津浦铁路于宣统三年（1911）接轨，北来火车直达浦口，乘客、货物可于浦口乘轮渡抵达下关，转上沪宁线。原本就是长江东西航运重要港口的下关，又成了南北铁路交通的转运站，遂成为中国最重要的交通枢纽之一。

光绪三十二年（1906），两江总督拨款白银十万两，以工代赈，改善下关市政设施，疏通惠民河和三汊河，平整地面，重建惠民桥，修筑和拓宽多条马路，并设置煤油路灯。光绪三十四年（1908）为满足交通运输需要，在神策门和金川门之间新辟小北门，俗称四扇门，又在外秦淮河岸定淮门与清凉门之间开辟草场门。1914年，下关地区再次垫地筑路，又开海陵门（今挹江门）以便交通。

南京城市建设的总体格局由此发生根本变化。自明初建都城五百年来，大规模的城市建设第一次越出城墙之外，迈开了沿江开发的第一步，亦再次形成南北相向推进的局面。城南和下关两个经济区域之间加强联系、相互促进的要求，已经体现出经济发展和城市建设相当自觉的主观意识。下关地区作为最早进入现代城市的区域，促进了城北地区的开发与繁荣，也使南京的城市空间成倍增长，经济实力迅速上升，思想文化日趋开放。正是因为有了物质与精神两方面的基础，民国定都南京才成为可能。

晚清出使外洋的官员已经接触到西方的博览会，中国也曾挑选商品参加世界博览会并获奖。光绪三十四年（1908）秋，两江总督端方、南洋新兵督练陈琪赴欧洲考察，返国后奏请在南京开办南洋劝业会。第二年清廷委员筹办，并通令各省大商埠成立出品协会事务所，南洋大臣所属各府、州成立物产出品所，南洋群岛的泗水、三宝垄、爪哇、巴达维亚、新加坡等地也纷纷成立出品协会征集展览品。南京、上海、两湖、直隶、广东等地并成立协赞会进行赞助。宣统二年（1910）夏，南洋劝业会在南京开幕，堪称中国举办的第一次世界博览会。《申报》

清末南京车站

南洋劝业会开会日

南洋劝业会农业馆

曾这样介绍南洋劝业会："若日之东京、大阪，美之圣路易，意之米廊，皆以地方为名，而实含内国与世界性质，本会虽名南洋劝业会，实与全国博览会无殊。"

南洋劝业会主会场设在下关与鼓楼之间，金川河流域的丁家桥、三牌楼一带，面积四十多万平方米，二十多座馆舍分门别类，有中式，有西式，有如园林，有如殿宇，异彩纷呈，是南京第一个经过详细规划设计的大型现代建筑群。

除了展馆，会场内外附设有马戏场、动物园、植物园、剧场等游艺场所。城内的小火车也因此新增劝业会站，以运输物品，便利交通。会场外另铺设轻便轨道，每小时发小火车绕场一周。各地送来的展品达一百万件。展览持续六个月，吸引中外商旅游客数十万人。时在绍兴府中学堂任教的鲁迅先生，带领全校二百多名学生前来南京参观，使学生得以亲身感受现代科学技术成就。叶圣陶、茅盾、郑逸梅等先生也都曾随学校前来参观，留下深刻印象。除了常规展览，劝业会还经常邀请各界名人举行演讲。劝业会设立五等奖项，评出五千多件获奖品，出展商品总成交额达数千万银元。南京韩复兴鸭店生产的板鸭获得了一等奖和金质奖章。

为给观众提供一个环境优美的游览休憩场所，同时又在附近城墙开辟丰润门（今玄武门）以通玄武湖。这是玄武湖成为现代公园的肇端。

此前曾国藩修建了湖神庙、湖心亭、观音阁、赏荷亭等，左宗棠修筑了连接梁洲的长堤，张人骏扩大绿地面积并修筑翠虹堤，湖中园林楼阁渐多。宣统三年（1911）玄武湖正式向游人开放，很可能是中国人自己建造的第一个公园。同年秋还利用南洋劝业会会场举办了第一届全国学界运动会，虽然只有一百四十名运动员参赛，但参观者每天都超过四万人。民国成立后追认此次运动会为全国第一届运动会。

南洋劝业会的举办，也拉开了城北丁家桥、湖南路到三牌楼一带开发建设的序幕，直到民国年间仍是南京城市建设的重点区域。

从某种意义上说，南京成为晚清洋务派的一个试验场。其优越的地理位置便于经济建设发展，历史名都与近世政治文化副中心的地位又便于在全国造成影响，无疑是作为这种示范的最佳选择。南京江海文化的传统，在此际又一次得到弘扬。现代工业、交通、商贸、金融各项事业的发展，教育、文化事业的兴盛，政治体制的改良，多方面交相推进，相辅相成，千年古城逐渐向现代城市演化。

光绪三十三年十二月（1908年1月），上元、江宁两县先行试办地方自治，于秦淮中支七家湾设江南自治局，以培养人民参政能力，为实行君主立宪做准备，并筹办宁省谘议局。次年十月，江宁谘议局正式成立，作为议会的基层组织，后发展为江苏谘议局。谘议局在丁家桥（今湖南路十号）购地，张謇的得意门生孙支厦主持设计建造公署。宣统元年（1909）夏江苏谘议局大厦落成，它类似西方的议会建筑，以中央部位的会议大厅为主，周边围绕两层办公用房，呈内院回廊式。

这幢大厦最终没能成为君主立宪的讲坛，却成了推翻帝制的会场。

宣统三年（1911）辛亥革命爆发，十二月二日南京光复。十二月十日，全国响应武昌起义的十七省都督府代表又在江苏谘议局聚会，商讨建立临时中央政府，于十二月二十九日推举孙中山为临时大总统，并宣布改国号为中华民国。可以说，清王朝的寿终正寝，就是在这幢建筑里决定的。

1912年元旦，孙中山在南京就任民国临时大总统，废江宁府及所属上元、江宁二县，改置南京府，作为民国首都。临时大总统办公室设在两江总督署煦园西花厅。

从同治初年到清末虽然不足五十年，但实为清代南京城市发展中最为重要的一个阶段，也是二千五百年南京历史中最为重要的阶段之一。

谘议局大厅

九　古都新城一河间

　　近百年来，内秦淮河两岸居民十分密集，外秦淮河沿线码头、仓储及与水运相关的工业区与日俱增，再加上大量低收入居民搭建的简易棚户，工业污水与生活污水都直接排放入河。二十世纪末，南京水环境污染到了最为严重的时期，从内秦淮到外秦淮，以至两岸丰厚的历史文化瑰宝，几乎都湮没在污泥浊水之中，被人讥为"有水必臭"。外秦淮河东岸老城区与河西新城区都有背河发展的趋向，造成南京主城区建设的离心格局。

　　随着对明城墙价值认知的提升，外秦淮河的自然与文化景观资源意义也越来越为人所重视。2002年7月编制的《外秦淮河沿线环境综合整治规划》，明确了以明城墙为主线，结合外秦淮河，依托自然山林，串联人文景观，形成"环城绿带"的整治目标，要让秦淮河重新成为一条流动的河、美丽的河、繁华的河。"环城绿带"这个理念，在此后各项相关城市规划中不断得到强化完善。"显山露水"，就要显青山，露绿水。水质改造，排污管理，水位保持，堤岸美化，沿岸土地功能提升，整体空间形态控制，一系列的难题都必须加以解决。此前二十年间的污染治理工作未能取得有效成果，就是因为没有把它作为一个系统工程。

这一规划为外秦淮河综合整治理清了思路，提供了可行的实施方案。对外秦淮河沿线运粮河水口、中华门瓮城、西水关、石头城、三汊河河口公园等五个不同特色的风貌段，分别提出了生态保护、环境优化、景观建设方面的具体要求，旨在重建曾被南京人引以为傲的山、水、城、林空间关系，使环绕古城、连通新城的外秦淮河，成为串联和展示南京自然与人文景观的绿色文化长廊。

南京市政府投入巨资，全面实施这一规划，石头城、东水关等三个试验段的整治，当即受到市民好评。石头城是南京城的发祥地。经过一年多的整治，2003年5月，"石城虎踞"的雄姿重现人间，成为二十一世纪南京城市建设的一个亮相。墙顶、墙身破败坍塌之处都做了规范的修补，城下水塘经过疏浚，恢复了"鬼脸照镜子"的奇观。周边破烂棚户一扫而空，铺草栽花，植树种竹，整修成清新壮阔的园林。石城霁雪、西峰秀色、山居秋暝等历史景观得以重现。半个多世纪以来，人们第一次能够清清爽爽地看到天高水远的石头城全貌。同时，外秦淮河水道清障除淤，两岸防洪堤整治绿化，成为环绕这颗璀璨明珠的襟带。离此一箭之地的清凉门也得到整修，辟建广场，作为从南边进入石头城公园的门户。

2006年，外秦淮河整治二期工程启动，通过防洪堤改造、污水截流、绿地景观的建设、亲水空间的设置、历史文化资源的充分展示、游览线路的开辟，外秦淮河已成为河东老城区与河西新城区之间的一条绿色项链，水域总面积相当于三个莫愁湖公园，卓有成效地改善了人居环境。秦淮画舫的游览线路，也拓展到外秦淮河。李白诗歌里曾写到的石头津游船，得以重现。石头城、中华门、武定门等处都设置了游船码头，两岸沿线都做了美化工作，并在相应的文化节点打造不同形式的文化景观。外秦淮河水面宽阔，视野开放，与内秦淮河的画舫游相比，别有一番风味。

经过精心整治的东水关景区，与石头城一样，成为明城墙风光带中又一颗耀眼明珠。

东水关的闻名遐迩，源于朱自清和俞平伯先生那两篇同题的美文《桨声灯影里的秦淮河》。1923年夏，两位先生在夫子庙前上船，过利涉桥北行，途经东水关，直至大中桥北，在大中桥与复成桥之间，才是那一种旖旎繁华的极点。2022年1月，被阻多年的东水关附近北行水道重新开通。在《桨声灯影的秦淮河》问世百年之际，秦淮游船又可以沿着朱自清、俞平伯当年的游赏路线，过大中桥直抵复成桥了。

石头城下拆除违建

今天，在绿阴葱郁的东水关园区中漫步，令人有太多的感慨。秦淮河水远来，在此分为内、外两支，水关建筑的宏伟，结构的科学与实用，使我们不能不佩服古人的智慧。而整修时着意留存下来的城墙断口，使人隐约可以想见当年愚昧拆城的情景。小路边用卵石营造出的河滩，河滩旁横斜的石雕小船，也似乎在唤起人们对通济门船形瓮城的记忆。沿着修旧如旧的梯级，登上水关城墙，内秦淮河蜿蜒而去，桃叶渡就在望中。夕阳西下时分，仿佛有七板子荡桨而来。虽然现在水路不能出东水关，但可以通过新开运河进入白鹭洲公园，观看园内的夜景与歌舞演出，为内秦淮河上的"画舫游"路线增添了新的亮点。

自东水关沿城墙南去一千米，就是武定门。这一段城墙，是明城墙中建筑质量最好的，从底到顶全部用条石砌筑，也是现今保存状况最好的。城墙内的白鹭洲公园，得饱经沧桑的古城墙映衬，山水、亭阁、花石别具韵味。而东水关和白鹭洲，也正是通过明城墙，组织成了一处意蕴丰厚的景观区。

《外秦淮河沿线环境综合整治规划》和《南京明城墙风光带规划》的实施，是牵动南京城市风貌全局的重大举措。

二十世纪末，南京明城墙的很多地段，已经成了新旧建筑两面夹击、包围蚕食中的孤岛，凋零败落，面目全非，即使在1988年被定为全国文物保护单位后，仍给人不可收拾之感。所幸历史文化资源在城市可持续发展中的价值日益为人们所认识，明城墙保护终于成为南京历史文化名城保护工作中的重中之重。明都城最显著的特色，是依山傍水而建，与真山真水浑然一体，所以保护、整修城墙，与整治周边山、水环境密不可分，同样必须实施全方位、多层次、成体系的保护，采用多种方式展示与利用城墙及其周围的自然与人文资源。如今，南京城与明城墙之间，已经建立起一种全新的依存关系。城墙沿线，根据资源丰厚程度，建立了中华门、九华山、神策门、狮子山、石头城等五处一级景区，东水关—白鹭洲、中山门—月牙湖、前湖—半山园、琵琶湖—富贵山、绣球公园、挹江门—小桃园、汉西门等七处二级景区，多与秦淮河水域相关。外秦淮河的景观资源意义也越来越为人所重视。

  与此同时，内秦淮河道全面整治、两岸铺设雨污分流管线，也有效地控制了水质污染问题。"十里秦淮"东五华里以科举文化为中心，一直是南京的旅游热点；西五华里的文化旅游线路，则以工匠文化、服务休闲为重点，也已在规划实施之中。

  重振风采的明城墙，化为南京主城区内独特的环形"绿色骨架"，明城墙、秦淮河风光带组织青山绿水，串联人文景观，有效地提升了城市的宜居水平。"明城墙风光带规划与实施"项目相继获得"江苏省人居环境范例奖""中国人居环境范例奖"。2008年，南京荣获联合国人居署颁发的"联合国人居奖特别荣誉奖",这是联合国人居领域的最高奖,并且是首次颁发给一座城市而非个人。南京能获得这一至高荣誉,主要得益于外秦淮河环境综合整治工程的成功。

令人无限感慨的是:拆城墙拆了三十年,并未能达到让南京迈出老城区的目的。当南京真正跃出老城区发展时,城墙、城壕和相应的历史建筑,不但不是障碍,而是成为可贵的财富和资源。南京人与自然景观的关系,也在不断提升之中:景观从封闭式,发展为开放式;市民从远观风景,到身在其中;从少数人亲近风景,到大多数人享受风景。

《明城墙风光带保护与控制规划总图》

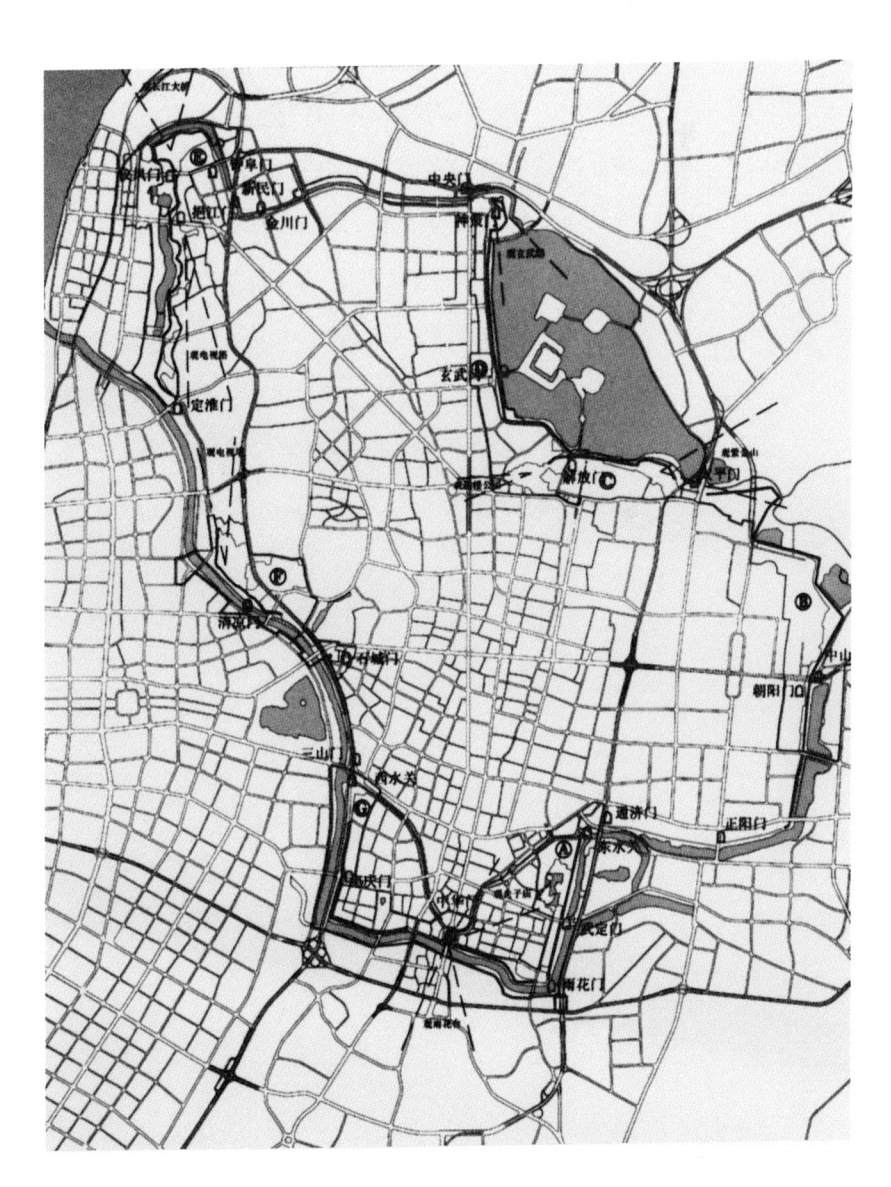

南京山、水、城、林融于一体的城市特色，历来为人所赞美。二十一世纪，南京更以"有山皆林，有土皆绿，有水皆清"为建设方针，通过"显山、露水、见城、滨江"工程的实施，努力营造"城林相间、贯穿有序、林在城中、人在林中"的绿色城市。处理好山、水、城、林之间的关系，把握好各自发展的度，达到和谐协调，真正实现"山、水、城、林融为一体"，南京也完全可能成为中国"山水城市"的典范。

在二十一世纪的起点上，南京构建新的世纪蓝图，再一次迈出了跨越式发展的步伐。这一次的城市总体规划，被归纳为"一城（河西新城区）三区（仙林、东山、浦口三个新市区）"策略。南京有史以来，就是一座濒江发展的城市，然而随着长江岸线的西移，一度变成了"江中不见城，城中不见江"。河西新城的崛起，使明初建都六百年来的外秦淮河，变成了城市内河，也展示出这座历史文化名城现代化的滨江新貌。而浦口新市区特别是此后国家级江北新区的建设，使南京真正成为一个跨江发展的城市。东山新市区的开发，以及稍后溧水县的撤县改区，则将秦淮河中游、上游地区再次纳入南京城市范畴。

南京与秦淮河之间，就是有着这样的不解之缘。

河西新城区的开发，对于南京人更是一种全新的体验。

秦淮河西地区，在1954年已被作为南京城市发展的规划备用地。1983年国务院批准的《南京城市总体规划》中，将河西作为城市生活居住备用地。1995年国务院批准的《南京市城市总体规划》中,河西地区定位为以生活居住为主要职能的城市新区,安排新增城市人口,并接纳老城区向外疏散的人口。1998年又做了河西地区总体规划调整,规划位置范围确定为外秦淮河以西、旧城与夹江之间,南至绕城公路,北临三汊河,总面积四十二平方千米,对道路构架、绿地系统等也都提出了设想。然而,由于河西地区建设对于南京可持续发展的重要地位未得到充分认识,仍然处于相对无序的状态,前期建设缺乏规划引导,以致布局结构混乱,道路不成系统,基础设施严重滞后,距离城市现代化生活居住区的标准仍差很远,更谈不上成为主城的副中心了。

此后规划目标几经调整,至2001年首次明确河西地区作为主城重要的新区、近期建设的重点,要形成居住和就业相对平衡、各项设施配套齐全完善的综合性片区。南京市委、市政府提出要通过建设新城、疏解老城,展示老城历史文化特色和新区经济、科技、现代化风貌的发展思路,并决定将在2005年举办的"十运会"主场馆奥体中心定点在河西新城区建设,以之作为河西新城区开发的龙头。规划部门率先编制《南京市河西新城区总体规划》及一系列具体实施规划,坚定以人为本的信念,引入经营城市的理念,强调新城区的有序建设和可持续发展。规划制定过程中,方案征集范围之广,参与的海内外知名咨询机构之多,听取社会各界意见建议之充分,都史无前例。正是这样一整套高起

河西奥体中心一带旧貌

点、高标准、高质量、引领城市科学发展的规划蓝图，成为河西新城区迅速崛起的坚实基础。而河西新城的建设实践，又不断丰富着、拓展着规划思想，推动规划的充实完善。

规划范围分为两个层次：核心部分西至长江江堤，东至外秦淮河、南河，南到秦淮新河，总用地五十六平方千米。外围部分即生态环境控制区，总用地九十四平方千米，并将临近占地十五平方千米的江心洲纳入控制区域一并考虑。要通过五年至十年的建设，把河西新城区建设成为现代文明与滨江特色交相辉映的现代化新城区，成为现代化新南京的标志区。也就是说：未来的河西新城区，不再是南京主城区的一个边缘地区，而是一个崭新的别具特色的中心地区。

这是南京城市发展史上具有里程碑意义的决策。河西现代化新城建设的全面启动，使南京主城区第一次真正跳出了明城墙这个框框，搭建起跨越式大发展的骨架。这也是明初建城六百年后，南京城市发展中的又一次历史性突破。同时，这也改变了20世纪末现代化建设重心与历史文化资源最丰富的老城区多年重叠的局面，真正实现了新区开发与老城更新的有机结合。这一宏观决策的历史意义与现实意义，怎么评价都不会过高。

河西新城区自北至南，分为三个功能区。位于三汊河至应天西路间的北部，以居住区和科技园区为主。应天西路至马东广场的中部形成新城区中心区域。马东广场以南则预留高品质居住区、文化休闲健身设施等用地。

外秦淮河的东边，先民们在两千五百年间，建设起了一座名闻遐迩的历史文化名城。

外秦淮河的西边，新一代建设者在二十年的时间里，建设起一座现代文明与滨江特色交相辉映的新城。

在河西新城区的建设中，道路的引领作用十分明显。尤其是中部和南部两个功能区，在一片河漫滩地上，最先能够确立的地标其实就是道路。按照《南京市河西新城区总体规划》，由北向南延伸的经四路（今江东路）成为新城区的纵轴。同样南北方向的滨江大道，实际上是新城区的西侧边界，它不仅是新城的四条快速通道之一，而且是南京主城"井字加外环"快速通道系统的重要组成部分。它北接纬一路（今幕府路），南连绕城公路，使主城快速外环得以构成一个完整的圆形，并联系着长江大桥、二桥、三桥及规划拟建的纬七路（今应天西路）过江通道。

外秦淮河、南河构成新城区的东侧边界，新城区联系河东老城区的东西向道路共有二十四条。其中纬三路（今定淮门大街）、纬七路（今应天西路）和绕城公路，预留下由主城经江心洲至江北地区的过江通道，纬六路（今水西门大街）、纬八路（今梦都大街）则预留了夹江过江通道，以此整合老城—新城—长江北岸的交通联系。

奥体中心一带新貌

新城区就是在这道路编织成的网络中有序生长。一系列能够长久作为城市亮点的标志性建筑，奥体中心、中央商务区、世贸中心、国际博览中心、南京眼、双子塔、江苏大剧院、金陵图书馆、绿博园……拔地而起，填补的不仅是河西新城的空白。在新的城市氛围中，各种新风尚也不断兴起。2019年元宵节期间，河西青奥广场举办了青春时尚灯会，以灯为媒、以光为介，将历史与现代完美融合，用灯光染色、激光、雾效、音响融合等科技手段，营造出熠熠生辉的梦幻穹顶，三百多米长如海浪般涌动的超长光带，与青奥双子楼相映生辉，五百架无人机列队展演，吸引海内外无数青年朋友热情参与。灯会期间还以科技、艺术、运动三大主题举办五十余场各类主题活动。河西新城的无限魅力，充分证明它绝不是老城区的附庸、主城区的边缘，而是一种崭新的城市风貌，一个别具特色的城市中心，是当之无愧的现代化、国际化城市客厅。

河西新城的成功告诉我们，文化积淀可以呈现历史，但不能完全预兆未来。城市的每一次突破性进展，都是从跳出老区、开拓新区开始的。只有将发展需求合理转向新城，才能为老城的改善、更新与提升赢得时间和空间。外秦淮河成为南京城市内河，改变的绝不止是一条河的地位，而是沿河两岸城市的命运。

南京丰厚的历史文化、南京城当代建设的探索和经验，不仅仅对南京人有意义，也不仅仅对南京城有意义。

2015年6月，国务院正式批复同意设立南京江北新区，这是全国第十三个、江苏省第一个国家级新区。2016年国务院公布的《长江三角洲城市群发展规划》中，南京被定位为"长三角"唯一的特大城市。2019年10月31日，南京被批准加入联合国教科文组织创意城市网络，入选世界文学之都。这是中国第一个世界文学之都，也是南京难得的一张世界级文化名片。2021年2月《南京都市圈发展规划》经国家发改委批复，成为第一个经国家同意而正式设立的都市圈。由此可见南京在全国乃至世界经济、文化事业中，所具有的举足轻重的地位。

古都南京的成功告诉我们，文化积淀是城市凝聚力所在，有积淀才谈得上传承与弘扬。

文化的发展，就是在继承和弘扬优良传统的基础上，不断突破旧边界，开拓新疆域，在创新中积累，在积累中创新。川流不息，永无止境。

就像与这座城市相伴相生的秦淮河。

图书在版编目（CIP）数据

秦淮河传 / 薛冰著. -- 南京：江苏凤凰美术出版社, 2024.7. -- ISBN 978-7-5741-2037-2

Ⅰ. K928.42

中国国家版本馆CIP数据核字第2024BP5075号

策　　　划	王林军
责 任 编 辑	施　铮
责 任 校 对	叶梦娜
书 籍 设 计	周伟伟
责 任 监 印	张宇华
责任设计编辑	赵　秘

书　　名	秦淮河传
著　　者	薛冰
出版发行	江苏凤凰美术出版社（南京市湖南路1号 邮编：210009）
印　　刷	苏州市越洋印刷有限公司
开　　本	710 mm×1000 mm 1/16
印　　张	17.75
版　　次	2024年7月第1版
印　　次	2024年7月第1次印刷
标准书号	ISBN 978-7-5741-2037-2
定　　价	98.00元

营销部电话 025-68155675　营销部地址 南京市湖南路1号
江苏凤凰美术出版社图书凡印装错误可向承印厂调换